Fragmentos Póstumos
1887–1889

Volume VII

O GEN | Grupo Editorial Nacional reúne as editoras Guanabara Koogan, Santos, Roca, AC Farmacêutica, Forense, Método, LTC, E.P.U. e Forense Universitária, que publicam nas áreas científica, técnica e profissional.

Essas empresas, respeitadas no mercado editorial, construíram catálogos inigualáveis, com obras que têm sido decisivas na formação acadêmica e no aperfeiçoamento de várias gerações de profissionais e de estudantes de Administração, Direito, Enfermagem, Engenharia, Fisioterapia, Medicina, Odontologia, Educação Física e muitas outras ciências, tendo se tornado sinônimo de seriedade e respeito.

Nossa missão é prover o melhor conteúdo científico e distribuí-lo de maneira flexível e conveniente, a preços justos, gerando benefícios e servindo a autores, docentes, livreiros, funcionários, colaboradores e acionistas.

Nosso comportamento ético incondicional e nossa responsabilidade social e ambiental são reforçados pela natureza educacional de nossa atividade, sem comprometer o crescimento contínuo e a rentabilidade do grupo.

Friedrich Nietzsche

Fragmentos Póstumos

1887–1889

Volume VII

Tradução
Marco Antônio Casanova

Rio de Janeiro

- A EDITORA FORENSE se responsabiliza pelos vícios do produto no que concerne à sua edição, aí compreendidas a impressão e a apresentação, a fim de possibilitar ao consumidor bem manuseá-lo e lê-lo. Os vícios relacionados à atualização da obra, aos conceitos doutrinários, às concepções ideológicas e referências indevidas são de responsabilidade do autor e/ou atualizador.
As reclamações devem ser feitas até noventa dias a partir da compra e venda com nota fiscal (interpretação do art. 26 da Lei n. 8.078, de 11.09.1990).

- Traduzido de:
Nachgelassene Fragmente 1887-1889

Com os agradecimentos à De Gruyther pela concessão dos direitos de tradução.

- **Fragmentos Póstumos 1887-1889 (Volume VII)**
ISBN 978-85-309-3539-9

Uma editora integrante do GEN | Grupo Editorial Nacional
Travessa do Ouvidor, 11 – 6º andar – 20040-040 – Rio de Janeiro – RJ
Tels.: (0XX21) 3543-0770 – Fax: (0XX21) 3543-0896
bilacpinto@grupogen.com.br | www.grupogen.com.br

1ª edição brasileira – 2012
Tradução: Marco Antônio Casanova

- CIP – Brasil. Catalogação-na-fonte.
Sindicato Nacional dos Editores de Livros, RJ.

N581f

Nietzsche, Friedrich Wilhelm, 1844-1900
Fragmentos póstumos: 1887-1889: volume VII / Friedrich Nietzsche; [tradução Marco Antônio Casanova]. – Rio de Janeiro: Forense Universitária, 2012.

Tradução de: Nachgelassene Fragmente 1887-1889
ISBN 978-85-309-3539-9

1. Filosofia alemã. I. Título.

12-3043. CDD: 193
CDU: 1(43)

Índice Sistemático

Texto estabelecido a partir da edição crítica de estudo organizada por Giorgio Colli e Mazzino Montinari VII
(11 = W II 3. Novembro de 1887–Março de 1888) 1
(12 = W II 4. Início de 1888) 179
(13 = ZII 3b. Início de 1888 até a primavera de 1888). 194
(14 = W II5. Começo do ano 1888). 197
(15 = Inverno II 6a. Início do ano 1888) 360
(16 = WII 7a Início do ano – Verão de 1888) 433
(17 = MP XVII 4. MP XVI 4a W II 8a. W II 9a. Maio-Junho de 1888). 466
(18 = MP XVII 5. MP XVI 4b. Julho-Agosto de 1888) 477
(19 = MP XVII 6. MP XVI 4c. W II 9b. WII 6b. Setembro de 1888) 484
(20 = WII 10a. Verão de 1888) 492
(21 = N VII 4. Outono de 1888). 519
(22 = W II 8b. Setembro-Outubro de 1888). 523
(23 = MP XVI 4d. MP XVII7. WII 7b. ZII1b. WII 6c. Outubro de 1888) . . . 535
(24 = W II 9c. D 21. Outubro-Novembro de 1888) 549
(25 = W II 10b. W II 9d. MP XVI 5. Mp XV II8. D 25. W II 8c. Dezembro de 1888–Início de Janeiro de 1889). 568
Os fragmentos póstumos do outono de 1885 ao outono de 1887 (Grupos 1-8) 577
Os fragmentos póstumos do outono/inverno de 1887-1888 (Grupos 9-12) 582
Os fragmentos póstumos do início de 1888 até Janeiro de 1889 (Grupos 13-25) 591

Texto estabelecido a partir da edição crítica de estudo organizada por Giorgio Colli e Mazzino Montinari

Observação preliminar

O volume 7 da edição crítica de estudo (KSA) contém a segunda parte dos fragmentos póstumos oriundos do período que vai do outono de 1885 ao início do ano 1889. Ele corresponde aos seguintes volumes e páginas da edição crítica conjunta (KGW): VIII/2, p. 249-455 (Berlim, 1970); VIII/3, p. 3-461 (Berlim/Nova Iorque, 1972) e contém, com isso, os fragmentos de novembro de 1887 até o início de janeiro de 1889. A observação preliminar ao volume 12 comenta a significação da obra póstuma de Nietzsche.

Ao final deste volume, os posfácios que Giorgio Colli escreveu para a edição italiana dos fragmentos póstumos de Nietzsche do outono de 1885 até o início de janeiro de 1889 (publicados em 1971, 1974 e 1975 pela editora Adelphi, em Milão) foram traduzidos.

Mazzino Montinari

(11 = W II 3. Novembro de 1887–Março de 1888)

Nice, 24 de novembro de 1887.

11 (1)

(301) Não devemos querer nada de nós que não possamos realizar. Costumamos nos perguntar: tu queres *ir à frente*? Ou tu queres *ir* por ti? No primeiro caso, nós nos tornamos, na melhor das hipóteses, pastores, ou seja, uma necessidade causada pela indigência do rebanho. No outro caso, precisamos poder fazer outra coisa – *poder*-andar-por-si a partir de si – precisamos *poder*-andar-de-outro-modo e para-um-outro-lugar. Nos dois casos, é preciso podê-lo e, se podemos fazer uma coisa, não temos o direito de querer a outra.

11 (2)

Contentar-se com um homem e manter a casa aberta com o seu coração: é liberal, mas não nobre. Reconhecemos os corações, que são capazes de uma hospitalidade nobre, nas muitas janelas cobertas e persianas fechadas: eles mantêm ao menos os seus *melhores* espaços vazios, eles esperam hóspedes, com os quais *não* nos contentamos...

11 (3)

(303) O preço que se paga por ser artista é sentir aquilo que todos os não artistas denominam "forma" como *conteúdo*, como "a coisa mesma". Com isso, pertence-se naturalmente a um mundo *às avessas*: pois desde então o conteúdo se torna algo meramente formal – inclusive a nossa vida.

11 (4)

Uma carta lembra-me dos jovens alemães, dos Siegfriedes chifrudos e de outros wagnerianos. Com todo respeito pela sobriedade alemã! Há inteligências modestas no norte da Alemanha, para as quais é suficiente até mesmo a inteligência das palavras cruzadas. Alguém que se encontrasse de fora poderia por vezes suspeitar se o jovem império, em seu apetite por colônias e por tudo de africano que a terra possui, não teria engolido inopinadamente as duas célebres ilhas mestiças, Horneo e Borneo...

11 (5)

Se se é filósofo como sempre se foi filósofo, então não se têm olhos para aquilo que foi e que será: – só se vê o ente. No entanto, como não há nenhum ente, só resta ao filósofo o imaginário como o seu "mundo".

11 (6)

Vai-se ao fundo (perece-se), quando não se vai *aos fundamentos*.

11 (7)

Uma lagarta entre duas primaveras, para a qual já cresce uma pequena asa: – – –

11 (8)

"*Um ímpeto para o melhor*" – Fórmula para "bater em retirada"

11 (9)

(304) *Sainte-Beuve*: Nada de um homem; cheio de um ódio mendaz contra todos os espíritos másculos: vagueia por aí, covarde, curioso, entediado, caluniador – no fundo uma personalidade feminina, com uma vingança feminina e uma sensibilidade feminina (– essa sensibilidade o retém na proximidade dos mosteiros e de outros focos da mística, temporariamente mesmo na proximidade de saint-simonistas). Aliás, um real gênio da *médisance*, inesgotavelmente rico em meios para tanto, capaz, por exemplo, de *elogiar* de uma maneira fatal; não sem a prontidão gentil de um virtuoso para expor a sua arte, onde quer que haja um lugar para tanto: a saber, diante de toda espécie de audiência, na qual se tem de temer algo. Naturalmente, ele também se vinga em seguida de seus espectadores, de

maneira secreta, pequena, impura; em particular, todas as naturezas imperiosamente nobres precisam pagar por terem veneração por si mesmas – uma tal veneração ele *não* possui! Já o elemento másculo, orgulhoso, total, seguro de si o irrita, o abala até a revolta. – Isso significa, então, o *psicólogo comme il faut*: a saber, segundo a medida e a necessidade do *esprit français* atual, que é tão tardio, tão doente, tão curioso, tão envolto em questiúnculas, tão cobiçoso quanto ele; farejando mistérios como ele; buscando instintivamente travar conhecimento com os homens de baixo e de trás, não muito diverso do que fazem os cães entre si (que ao seu modo também são certamente psicólogos). No fundo, plebeu e aparentado com os instintos de Rousseau: *consequentemente* romântico – pois sob todo romantismo a plebe grunhe e baba avidamente por "nobreza"; revolucionário, mas por medo mantido nas rédeas. Sem liberdade diante de tudo o que possui força (opinião pública, academia, corte, mesmo Port-Royal). Enfastiado consigo mesmo até o último fundamento, por vezes já sem crença em seu *direito* de existir; um espírito que se dissipou desde a juventude, que se *sente* dissipado, que se torna cada vez mais tíbio e velho para si mesmo. Alguém assim continua a viver, por fim, de um dia para o outro, apenas por covardia; alguém assim se irrita com tudo o que há de grande no homem e nas coisas, contra tudo o que *acredita em si*, uma vez que é infelizmente poeta e meio efeminado, para continuar sentindo o que é grande como *poder*; alguém assim se curva constantemente, como aquele célebre verme, porque se sente constantemente pisado por alguma coisa grande. Como crítico sem critério, espinha dorsal e postura, com a língua do *libertin* cosmopolita para muitas coisas, mas sem a coragem para a *libertinage autônoma*, consequentemente se submetendo a um classicismo indeterminado. Como historiador sem filosofia e sem o *poder* da visão, recusando instintivamente a tarefa do *julgamento* em todas as coisas principais e mantendo a máscara da *objetividade* (– com isso, um dos piores exemplos que a última França possui): abstraindo-se, como de costume, das coisas pequenas, para as quais um gosto sutil e gasto se mostra como a instância suprema e nas quais ele possui realmente a *coragem* para si mesmo, o *prazer* consigo mesmo (– neste ponto, ele possui um parentesco com os parnasianos, que representam como ele a forma mais refinada e mais vã do desprezo por si e da alienação de si). "*Sainte-Beuve a vu une fois le premier Empereur. C'était à Boulogne: il était en train de pisser. N'est-ce pas un peu dans cette posture-là, qu'il a vu et jugé depuis tous les grands hommes?*"[1] (*Journal des Goncourts*, 2. p. 239) – assim contam os seus inimigos mais maldosos, os Goncourts.

11 (10)

Tipos da décadance.
Os românticos.
Os "espíritos livres" Sainte-Beuve.
Os atores.
Os niilistas.
Os artistas.
Os brutalistas.
Os delicados.

11 (11)

En amour, la seule victoire est la fuite.[2] – Napoleão.

11 (12)

canis reversus ad vomitum suum

11 (13)

Les philosophes ne sont pas faits pour s'aimer. Les aigles ne volent point en compagnie. Il faut laisser cela aux perdrix, aux étourneaux... Planer audessus et avoir des griffes, voilà le lot des grands génies.[3] – Galiani.

---

1 **N.T.:** Em francês no original: Sainte-Beuve viu um dia o primeiro imperador. Ele estava em Bolonha, a ponto de mijar. Não foi um pouco com essa postura que ele viu e julgou todos os grandes homens?

2 **N.T.:** Em francês no original: No amor, a única vitória é a fuga.

3 **N.T.:** Em francês no original: Os filósofos não são feitos para se amar. As águias nunca voam acompanhadas. É preciso deixar um tal voo para as perdizes, para os (estorninhos)... Planar acima e ter garras, eis o (destino) dos grandes gênios.

11 (14)

Le hasard, père de la fortune et souvent beau-père de la vertu.[4] – Galiani.

11 (15)

(*Ni l'amour ni les dieux; ce double mal nous tue.*[5] Sully Prud-homme.)

11 (16)

Por detrás de toda a escrivinhação dessa moçoila campestre que se chama G. Eliot, sempre escuto a voz excitada de todas as debutantes literárias: "*je me verrai, je me lirrai, je m'extasierai et je dirai: Possible, que j'ai eu tant d'esprit?...*"[6]

11 (17)

vomitus matutinus dos jornais

11 (18)

si hortum cum bibliotheca habes, nihil deerit. Cícero.

11 (19)

notum quid foemina furens. Virgílio. Eneida. V. 6.

11 (20)

"*un monstre gai vaut mieux 'qu'un sentimental ennuyeux*'"[7]

11 (21)

come l'uom s'éterna (Inf. XV, 85)

---

4 **N.T.:** Em francês no original: O acaso, pai da sorte e com frequência avô da virtude.

5 **N.T.:** Em francês no original: Nem o amor nem os deuses; esse duplo mal nos mata.

6 **N.T.:** Em francês no original: Eu me veria, eu me liria, eu me extasiaria e diria: é possível que eu tenha tanto espírito?

7 **N.T.:** Em francês no original: Um monstro alegre vale mais do que um sentimental entediado.

11 (22)

"*Yo me sucedo a mi mesmo*", digo eu como aquele velho homem em Lope de Vega, rindo, como ele: pois não sei mais simplesmente o quão velho já sou e o quão jovem ainda serei...

11 (23)

– mesmo então ainda se têm razões suficientes para se estar satisfeito e mesmo agradecido, ainda que apenas como aquele velho brincalhão que *tamquam re bene gesta* voltou para casa de uma entrevista apaixonada. *Ut desins vires*, disse ele para si mesmo com a mansidão de um santo, *tamen est laudanda* voluptas.

11 (24)

(305) *Georg Sand*. Li as primeiras *lettres d'un voyageur*:[8] como tudo aquilo que provém de Rousseau, falso, desde o seu íntimo, moralmente mendaz, tal como ela mesma, a "artista". Não suporto esse estilo colorido de tapeçaria, assim como essa ambição excitada da plebe por paixões "nobres", atitudes heroicas e ideias que atuam como atitudes. O quão *fria* ela precisa ter sido aí – fria como Victor Hugo, como Balzac, como todos os românticos propriamente ditos –: e o quão vaidosamente ela deve ter se esparramado aí, essa larga vaca frutífera, que tinha algo alemão em si, como o próprio Rousseau, e que, em todo caso, tornou *possível* por fim pela primeira vez todo o gosto e *esprit* francês... Mas Ernest Renan a venerava...

11 (25)

(306) Homens, que são destinos e que, na medida em que suportam a si mesmos, suportam destinos, todo o tipo dos carregadores *heroicos*: ó, com que prazer eles gostariam de descansar um dia de si mesmos! O quanto eles não têm sede de corações e de costas fortes, para se verem livres ao menos por algumas horas da-

8 **N.T.:** Em francês no original: cartas de um viajante.

quilo que os oprime! E como é vã essa sede!... Eles esperam; eles olham para tudo o que passa ao largo: ninguém vem ao seu encontro, nem mesmo apenas com um milésimo de dores e paixões, ninguém desvenda *em que medida* eles esperam... Finalmente, finalmente eles aprendem a sua primeira esperteza na vida – *não* esperar mais; e, então, logo em seguida a sua segunda esperteza: ser afável, ser modesto, a partir deste instante suportar qualquer um, suportar todos os tipos de gente – em suma, *carregar* ainda um pouco mais do que eles já tinham carregado até então.

11 (26)

(307) – e quem contabilizar sem preconceito as condições segundo as quais qualquer *perfeição* é alcançada na terra não deixará de perceber quantas coisas estranhas e ridículas estão entre essas condições. Parece que são necessários lixo e estrume de todo o tipo para todo grande crescimento. Para tomarmos um caso paradoxal, uma autoridade que talvez não devêssemos subestimar neste ponto espinhoso, o duque de Morny, o mais experiente e "vivido" conhecedor de mulheres da última França, afirma com vistas ao aperfeiçoamento da mulher moderna que mesmo um vício poderia servir para tanto, a saber, a *tribaderie*: "*qui raffine la femme, la parfait, l'accomplit*". –[9]

Nice, 25 de novembro de 1887.

11 (27)

(308) A senhora Cosima Wagner é a única mulher de um estilo maior que conheci: mas imputo a ela o fato de ter *estragado* Wagner. Como isso aconteceu? Ele não "merecia" tal mulher: em agradecimento por tê-la, *decaiu* até ela. O Parsival de Wagner foi, antes de mais nada e desde o seu despontar mais inicial, uma condescendência do gosto de Wagner ante os instintos católicos de sua

9 **N.T.:** Em francês no original: quem refina a mulher, a aperfeiçoa, a completa.

mulher, a filha de Liszt, uma espécie de agradecimento e humildade por parte de uma criatura mais fraca, mais multifacetada e mais sofredora em relação a uma criatura que sabia proteger e encorajar, ou seja, em relação a uma criatura mais forte, mais limitada: por fim, mesmo um ato daquela *covardia* eterna do homem ante todo o "eterno feminino". – Não é possível que todos os grandes artistas até aqui tenham sido *estragados* por mulheres veneradoras? Quando esses macacos absurdamente vaidosos e sensíveis – pois é isso que quase todos eles são – vivenciam pela primeira vez e na mais imediata proximidade *a idolatria*, que a mulher sabe realizar em tais casos com todos os seus anseios mais baixos e mais elevados, então tudo se aproxima bem rápido do fim. O último resto de crítica, o desprezo por si, a modéstia e a vergonha diante do que é maior: tudo isso se perde: – a partir de então, eles são capazes de qualquer *degeneração*. Esses artistas que, no período mais seco e mais forte de seu desenvolvimento, teriam razões suficientes para desprezar completamente os seus seguidores, esses artistas que se tornaram taciturnos tornam-se inevitavelmente as vítimas de todo primeiro amor *inteligente* (– ou muito mais de toda mulher que é suficientemente inteligente para se *fazer passar* por inteligente no que diz respeito ao que há de mais pessoal do artista, para "compreendê"-lo como sofredor, para "amá"-lo...).

11 (28)

O homem sucumbe à mulher que ele não merece.

Como idólatra nata, a mulher estraga os ídolos – o marido.

11 (29)

Não se pode encontrar a causa para o *fato de* haver efetivamente desenvolvimento uma vez mais sobre o caminho da pesquisa sobre desenvolvimento; não se deve querer compreender essa causa como "vindo a ser", nem tampouco como já tendo vindo a ser...

a "vontade de poder"[10] não pode ter vindo a ser

10 **N.T.:** Existe já certo hábito sedimentado nos trabalhos sobre Nietzsche no Brasil de traduzir a expressão nietzschiana *Wille zur Macht* por "vontade

11 (30)

(309) Conquistar uma altura e uma visão de pássaro, onde se concebe como tudo acontece realmente tal *como deveria acontecer*: assim como todo tipo de "imperfeição" e como o padecimento com ela pertence conjuntamente à *mais elevada desejabilidade*...

11 (31)

(310) Visão conjunta do europeu futuro: temos aqui o mais inteligente animal escravo, muito trabalhador, no fundo muito modesto, curioso até as raias do excesso, múltiplo, mimado, volitivamente fraco – um caos de afetos e de inteligências cosmo-

---

de potência", seguindo o modo como os franceses normalmente traduzem essa expressão. No entanto, essa tradução não me parece adequada por algumas razões. Em primeiro lugar, o termo utilizado por Nietzsche simplesmente não é o termo potência. Em alemão há pelo menos duas palavras que podem ser usadas para designar potência: *Potenz* e *Leistung*. Todavia, a palavra utilizada por Nietzsche é *Macht*, que significa, literalmente, poder. Busca-se normalmente justificar essa alternativa de tradução pela necessidade de escapar dos sentidos indesejáveis da noção de poder, sentidos que nada têm a ver com o conceito nietzschiano propriamente dito. No entanto, se esse fosse efetivamente o intuito de Nietzsche, o próprio filósofo deveria ter tentado evitar esse efeito também no original, porque o mesmo problema se apresenta em alemão. Em segundo, a argumentação propriamente filosófica também não me parece muito convincente. Muitas vezes, apela-se para a proximidade entre o conceito de poder em Nietzsche e a noção de potência (*dynamis*) em Aristóteles. Vontade de poder teria, assim, algo em comum com possibilidade, e não com a instauração fática de relações de poder. Se nos aproximamos mais cuidadosamente dos textos de Nietzsche, contudo, vemos que o que está em questão para ele não é nunca uma estrutura de possibilidade, mas justamente o poder que certas perspectivas exercem sobre outras perspectivas no interior das configurações vitais em geral. E é nesse ponto que encontramos, então, um derradeiro argumento. Nietzsche substitui em muitos aforismos publicados e em inúmeros fragmentos póstumos poder (*Macht*) por domínio ou dominação (*Herrschaft* ou *Beherrschung*), o que significa o seguinte: quem opta por traduzir *Macht* por potência se vê diante de um problema em meio àquelas passagens que inequivocamente envolvem dimensões de domínio, ou seja, se vê forçado a uma incoerência com sua própria opção. Por tudo isso, traduzo aqui, contra certa corrente, *Wille zur Macht* por vontade de poder.

polita. Como é que um tipo *mais forte* poderia vir à tona a partir dele? Um tipo dotado de um gosto *clássico*? O gosto clássico: trata-se da vontade de simplificação, intensificação, da vontade de visibilidade da felicidade, de frutificabilidade, da coragem para a *nudez* psicológica (– a simplificação é uma consequência da vontade de intensificação, o deixar que a felicidade se torne visível, assim como a nudez é uma consequência da vontade de frutificabilidade...). Para arrancar em combate um caminho ascensional a partir desse caos até essa *configuração* – para tanto carece-se de uma *imposição*: é preciso que se tenha a escolha de ou bem perecer ou bem *se impor*. Uma raça dominante só pode surgir de inícios frutíferos e violentos. Problema: onde estão os *bárbaros* do século XX? Evidentemente, eles só se tornarão visíveis e se consolidarão depois de crises socialistas descomunais – eles serão os elementos capazes da *maior rigidez em relação a si mesmos* e que poderão garantir *a mais longa vontade...*

11 (32)

(311) *Sobre a psicologia dos "pastores". Os grandes medianos*

Podemos esconder de nós o fato de um espírito e de um gosto precisarem ser *médios*, para que possam deixar para trás efeitos populares profundos e extensos, e de, por exemplo, ainda *não* se poder usar como algo que desonra a Voltaire o fato de o Abade Trublet o ter designado com a melhor das razões "*la perfection de la médiocrité*"?[11] (– se ele não o tivesse sido, ele teria sido uma *exceção*, tal como o foi, por exemplo, o napolitano Galiani, o mais profundo e mais meditabundo palhaço produzido por aquele sereno século. De onde provém, então, a sua força para *conduzir*? De onde a sua preponderância sobre o seu tempo?) Poder-se-ia, aliás, afirmar o mesmo com vistas a um caso ainda muito mais popular: também o fundador do cristianismo precisa ter sido algo similar a essa "*perfection de la médiocrité*". Se concretizarmos, porém, em uma *pessoa* os princípios daquele

11 **N.T.:** Em francês no original: perfeição da mediocridade.

célebre evangelho do sermão da montanha, então não teremos mais depois disso nenhuma dúvida quanto à razão pela qual precisamente um tal pastor e pregador da montanha produziu um efeito tão sedutor sobre todos os tipos de *animais de rebanho.*

11 (33)

(312) – "*une croyance presque instinctive chez moi c'est que tout homme puissant ment quand il parle, et à plus fort raison quand il écrit*"[12] – Stendal.

11 (34)

(313) Flaubert não suportava nem Mérimée nem Stendal; para deixá-lo irado, bastava citar o nome do "Senhor Beyle" em sua presença. A diferença reside no fato de Beyle provir de Voltaire; Flaubert, de Victor Hugo.

Os "homens de 1830" (– Homens?...) produziram uma insana divinização com o *amor*: Alfred de Musset, Richard Wagner; também com o excesso e o vício...

"*Je suis de 1830, moi! J'ai appris à lire dans Hernani, et j'aurai voulu être Lara! J'exècre toutes les lâchetés contemporaines, l'ordinaire de l'existence et l'ignominie des bonheurs faciles.*"[13] Flaubert.

11 (35)

(314) A sexualidade, a busca de domínio, o prazer com a aparência e com o engodo, a grande gratidão alegre pela vida e por seus estados típicos – tudo isso é essencial ao culto pagão e tem a boa consciência ao seu lado. – A *antinatureza* (já na Antiguidade grega) luta contra o elemento pagão, como moral, como dialética.

---

12 **N.T.:** Em francês no original: uma crença quase intuitiva em mim é a de que todo homem potente mente quando fala, e, com maior razão, quando escreve.

13 **N.T.:** Em francês no original: Sou de 1830! Aprendi a ler com Ernani e gostaria de ter sido Lara! Acho execrável todas as lassidões contemporâneas, o elemento ordinário da existência e a ignonímia das felicidades fáceis.

Nice, 15 de dezembro de 1887.

11 (36)

O que decide a tua posição é o *quantum poder* que tu és; o resto é covardia.

11 (37)

Aquele que busca instintivamente uma posição hierárquica odeia as construções intermediárias e os produtores de construções intermediárias: tudo aquilo que é *médio* é o seu inimigo.

11 (38)

(315) Da pressão da abundância, da tensão das forças que crescem constantemente em nós e que ainda não sabem se descarregar emerge um estado similar ao estado que precede uma tempestade: a natureza que somos *escurece*. Isso também é pessimismo... Uma doutrina que põe fim a tal estado, na medida em que *ordena* algo, uma transvaloração dos valores, graças aos quais se indica um caminho às forças acumuladas, um "para onde", de modo que elas explodem em raios e em ações – não precisa de modo algum ser uma doutrina da felicidade: na medida em que desencadeia a força que estava comprimida e represada até um ponto torturante, *ela traz felicidade.*

11 (39)

– com estes tenho pouca compaixão. Para mim, eles estão entre os caranguejos. Em primeiro lugar: quando nos vemos às voltas com eles, eles beliscam; e, então, andam para trás.

11 (40)

– corações quentes como o leite que acaba de sair da vaca.

11 (41)

– um viandante cansado, que percebe o latido forte de um cão.

11 (42)

– um desgarrado, que passou um longo tempo na prisão, com medo do bastão de um carcereiro: agora segue temeroso o seu caminho, a sombra de um cajado já o faz tropeçar.

11 (43)

– virtude no sentido do renascimento, *virtù*, virtude livre de toda moral.

11 (44)

O fato de se colocar em jogo sua vida, sua saúde, sua honra, é a consequência do excesso de coragem[14] e de uma vontade dissipadora transbordante: não por amor ao homem, mas porque todo grande perigo desafia a nossa curiosidade em relação à medida de nossa força, de nossa coragem.

11 (45)

(317) Emerson, muito mais esclarecido, múltiplo, refinado, feliz, um homem que se alimenta instintivamente de ambrósia e deixa para trás o indigesto nas coisas. Carlyle, que o amava muito, diz dele apesar disso que "ele não *nos dá* o suficiente para

14 **N.T.:** O termo alemão utilizado por Nietzsche no fragmento acima é o termo *Übermut*. Em seu sentido corrente, *Übermut* significa petulância, arrogância. No contexto acima, porém, não é difícil perceber como Nietzsche reavalia o sentido mesmo do termo. Em verdade, a gênese da significação de *Übermut* em alemão aponta para a compreensão de que um excesso de coragem só pode provir de uma falta de consideração adequada de si mesmo e de sua situação e de que equivaleria, assim, ao que normalmente temos em vista com a palavra arrogância. No entanto, o excesso de coragem também pode ser pensado a partir de uma entrega total de si mesmo à sua própria configuração e participação plena na lógica do acontecimento. Há aqui um claro paralelo, que se verifica, aliás, em quase todas as construções em que Nietzsche emprega o prefixo *über-*, com o termo *Übermensch* (além-do-homem) e com a concepção do além do homem como o homem que superou a alienação produzida pela instauração do suprassensível e integrou plenamente a totalidade em seu horizonte existencial. Exatamente por isso, decidimos traduzir etimologicamente o termo *Übermut* por excesso de coragem.

morder": o que talvez tenha sido dito com razão, mas que não foi dito de maneira alguma em favor de Emerson.

Carlyle, um homem das palavras fortes e das atitudes excêntricas, um retórico por *necessidade*, alguém que irrita constantemente pela exigência por uma crença forte e pelo sentimento da incapacidade para tanto (– justamente com isso um típico romântico). A exigência por uma crença forte não é a prova de uma crença forte, mas muito mais o contrário: *se temos uma tal crença*, então essa posse se revela justamente pelo fato de *podermos nos permitir* o luxo da postura cética e da descrença frívola – se é rico o *bastante* para tanto. Carlyle anestesia algo em si por meio da rigidez de sua veneração por homens de crença forte e por meio de sua fúria contra todos aqueles que são menos unilaterais: essa constante *falta de probidade* apaixonada em relação a si mesmo, para falar moralmente, me enjoa. O fato de os ingleses admirarem nele precisamente a sua probidade é caracteristicamente inglês; e, levando em conta que eles são o povo do tiple perfeito, até mesmo barato e não apenas compreensível. No fundo, Carlyle é um ateu que não o quer ser. –

11 (46)

Nesses ensaios polêmicos, nos quais dei prosseguimento à minha batalha contra o mais fatídico juízo de valor até aqui, contra *a superestimação da moral* –

Uma tal palavra de paz encontra-se como de costume ao final dos ensaios belicosos, com os quais abri minha batalha contra um de nossos mais fatídicos juízos de valor, contra a nossa avaliação até aqui e contra a nossa *superestimação da moral.*

11 (47)

– ideais úmidos e outros ventos degelantes

11 (48)

(318) Um espírito que quer algo grande e que também quer os meios para tanto é necessariamente cético: com o que não se está dizendo que ele também precisaria parecer cético. A liber-

dade diante de todo tipo de convicção pertence à sua força, *o poder* olhar livremente. A grande paixão, o fundamento e o poder de seu ser ainda são mais esclarecidos e despóticos do que ele mesmo o é – ela toma todo o seu intelecto a seu serviço (e não apenas sob sua posse); ela elimina toda hesitação; ela lhe dota da coragem para lançar mão de meios profanos (até mesmo de meios sagrados), ela alimenta convicções, ela mesma usa e consome convicções, mas não se submete a elas. Isso faz com que ela apenas se saiba como soberana. Inversamente: a carência por crença, por qualquer sim e não incondicionados, é uma carência da fraqueza; toda fraqueza é fraqueza da vontade; toda fraqueza da vontade provém do fato de nenhuma paixão, nenhum imperativo categórico comandar. O homem da *crença*, o "crente" de todo tipo, é necessariamente um tipo dependente de homem, ou seja, um tipo que não *se* estabelece a partir de fins, nem pode estabelecer de modo algum fins a partir de si mesmo – um tipo que precisa deixar que o *consumam* como meio... Esse tipo de homem entrega instintivamente a honra suprema a uma moral da *dissolução do si próprio*; tudo o cativa para uma tal dissolução, a sua perspicácia, a sua experiência, a sua vaidade. E mesmo a *crença* é ainda uma forma de dissolução do si próprio. –

11 (49)

(319) A partir do âmbito descomunal da arte, um âmbito que é antialemão e do qual jovens alemães, Siegfrieds cornudos e outros wagnerianos, estão excluídos de uma vez por todas: – a obra de gênio de Bizet, uma obra que fez ressoar uma nova sensibilidade – ah, uma tão antiga – que ainda não tinha tido até aqui nenhuma linguagem na música *erudita* da Europa, uma sensibilidade mais meridional, mais bronzeada, mais queimada, que não pode ser naturalmente compreendida a partir do idealismo úmido do norte. A felicidade africana, a serenidade fatalista, com um olhar que mira de maneira sedutora, profunda e terrível: a melancolia lasciva da dança mourisca; a paixão reluzindo, aguda e repentina como uma adaga; e aromas que flutuam até nós vindos da tarde amarela do mar, aromas junto aos quais o coração salta

como se se lembrasse de ilhas esquecidas, onde ele outrora se demorava, onde ele deveria ter se demorado eternamente...

Antialemão: o bufão, a dança mourisca

As outras delícias antialemães do gozo estético

11 (50)

O "mundo verdadeiro", como quer que ele tenha sido concebido até aqui – foi sempre o mundo aparente *uma vez mais*.

11 (51)

É preciso ter coragem no corpo, para se permitir uma perfídia: a maioria é covarde demais para tanto.

11 (52)

"César entre piratas"

11 (53)

e dentre esses poetas encontra-se Hengste, que relincha de uma maneira casta

11 (54)

(320) *Do domínio*
da virtude.
Como se ajuda a virtude a dominar.

Um *tractatus politicus*.
De
Friedrich Nietzsche.

Prefácio

Este *tractatus politicus* não é para o ouvido de qualquer um: trata-se da *política* da virtude, de seus meios e caminhos para o *poder*. O fato de a virtude aspirar ao domínio, quem poderia negar-lhe tal aspiração? Mas *como* ela o alcança –! não se acredita... Por isso, este *tractatus* não é para o ouvido de qualquer um. Nós o definimos para o auxílio daqueles que estão interessados em aprender não como alguém se torna virtuoso, mas como alguém *torna* virtuoso – como se leva a virtude ao domínio. Quero até mesmo demonstrar que, para querer essa única coisa, o domínio da virtude, *não* se tem fundamentalmente o direito de querer a outra; justamente com isso abdica-se de se tornar virtuoso. Esse sacrifício é grande: mas uma tal meta talvez valha o sacrifício. E mesmo sacrifícios ainda maiores!... E alguns dos grandes moralistas arriscaram tanto. A verdade já foi reconhecida e antecipada por eles, a verdade que deve ser ensinada pela primeira vez com este tratado: o fato de só se *poder simplesmente atingir o domínio da virtude através dos mesmos meios*, com os quais se atinge qualquer domínio, em todo caso não *por meio* da virtude...

Como dissemos, este tratado gira em torno da política da virtude: ele estabelece um ideal dessa política, ele a descreve tal como ela precisaria ser, caso pudesse existir algo perfeito sobre a Terra. Pois bem, nenhum filósofo terá dúvidas quanto ao que significa o tipo da perfeição na política; a saber, o maquiavelismo. O maquiavelismo, porém, *pur*, *sans mélange*, *cru, vert*, *dans toute sa force*, *dans toute son âpreté*,[15] é algo próprio ao além-do-homem, algo divino, transcendente, ele nunca é alcançado pelos homens, ele é no máximo tocado tangencialmente por eles... Mesmo nesse tipo mais restrito de política, na política da virtude, o ideal parece nunca ter sido alcançado. Mesmo Platão não tocou nesse ideal senão tangencialmente. Contanto que se tenham olhos para coisas escondidas, descobrem-se mesmo ainda nos *moralistas* mais livres e mais conscientes (e esse é o nome para tais políticos da moral, para todo tipo de fundador de novas forças morais) rastos do fato de eles também terem pago um tributo alto à fraqueza humana. *Todos eles aspiravam*, ao menos em seu cansaço, *à virtude* também para si mesmos: o primeiro erro capital de um moralista – que tem de ser como tal *imoralista da ação*. O fato de ele *não poder deixar isso transparecer* é outra coisa. Ou talvez *não* seja outra coisa: uma

15 **N.T.:** Em francês no original: puro, sem mistura, cru, verde, em toda a sua força, em toda a sua afetação.

tal autonegação fundamental (expresso em termos morais, uma tal dissimulação) também faz parte de um cânone do moralista e de sua mais própria doutrina dos deveres: sem ela, ele nunca alcançará o *seu tipo* de perfeição. Liberdade em relação à moral, *mesmo em relação à verdade*, em função daquela meta que compensa todo sacrifício: *domínio da moral* – assim se chama esse cânone. Os moralistas necessitam da *atitude da virtude*, mesmo a atitude da verdade; seu erro só começa onde eles cedem à virtude, onde eles perdem o domínio sobre a virtude, onde eles mesmos se tornam *morais*, se tornam *verdadeiros*. Um grande moralista também é, entre outras coisas, um grande ator; o seu risco está em manter afastados o seu *esse* e o seu *operari* de uma maneira divina; tudo o que ele faz, ele precisa fazer *sub specie boni* – o seu ideal elevado, distante, exigente! Um ideal *divino*!... E de fato vale o discurso de que o moralista não imita com isso nenhum modelo menos imponente do que o próprio Deus: Deus, o maior imoralista da ação que já houve, mas que também sabia permanecer o que *é*, o *bom Deus*...

11 (55)

(321) Não se deve perdoar jamais o cristianismo por ter arruinado um homem como Pascal. Não se deve deixar jamais de combater no cristianismo o fato de ele ter tido a vontade de destroçar justamente as almas mais fortes e mais nobres. Nunca poderemos ter paz enquanto este elemento não for absolutamente destruído: o ideal de homem que foi inventado pelo cristianismo. Todo o resto absurdo que se compõe a partir de uma fábula cristã, de uma produção infinda de teias de aranha conceituais e de teologia não nos diz respeito; ele ainda poderia ser mil vezes mais absurdo que não levantaríamos um dedo contra ele. Mas combatemos aquele ideal que, com sua beleza doentia, com sua sedução feminina e com sua eloquência secretamente caluniadora, procura persuadir almas que se cansaram de todas as covardias e vaidades – como se tudo aquilo que pode parecer em tais circunstâncias o mais útil e desejável, a confiança, a ingenuidade, a despretensão, a paciência, o amor para com seu igual, a submissão, a entrega a Deus, uma espécie de desatrelamento e de abdicação de todo o seu

eu, fosse mesmo em si o mais útil e desejável. Como se a pequena e modesta disformidade da alma, o animal mediano e virtuoso e a ovelha de rebanho não tivessem apenas o primado ante o homem mais forte, mais malévolo, mais cobiçoso, mais obstinado, mais dissipador e mesmo por isso 100 vezes mais exposto ao perigo, mas fornecesse o ideal, a meta, o critério, a mais elevada desejabilidade precisamente para o homem em geral. *Esse* estabelecimento de um ideal foi até hoje a mais sinistra tentação à qual o homem se viu exposto: pois com ele as exceções e os acasos felizes mais intensamente recomendáveis dentre os homens, as exceções e os acasos nos quais a vontade de poder e de crescimento de todo o tipo homem deu um passo adiante, passaram a se ver ameaçados pelo declínio; com seus valores, o crescimento daqueles mais-homens deveria ser fomentado nas raízes daqueles homens que, em virtude de suas requisições e tarefas mais elevadas, também aquiescem voluntariamente a uma vida mais perigosa (expresso em termos econômicos: elevação dos custos de empreendimento, assim como da improbabilidade do sucesso). O que combatemos no cristianismo? O fato de ele querer destroçar os fortes, o fato de ele querer desestimular sua coragem, explorar suas piores horas e seus piores cansaços, de ele querer inverter sua segurança orgulhosa e transformá-la em inquietação e em conflito de consciência, de ele saber envenenar os instintos nobres e torná-los doentes, até que sua força, sua vontade, sua vontade de poder se voltam para trás, contra si mesmo – até que os fortes perecem ante as desmedidas do desprezo por si e da autoviolentação: aquele tipo horrível de perecimento, cujo exemplo mais célebre é dado por Pascal.

11 (56)

(322) *Zola*: – certa competição com Taine, um aprendizado de seus meios de produzir uma espécie de ditadura em um *milieu*[16] cético. Pertence a esse aprendizado o *recrudescimento* dos princípios, para que eles atuem como comando.

---

16 **N.T.**: Em francês no original: meio.

11 (57)

Conceber – será que isso significa avalizar? –

11 (58)

(323) *Não* conhecer a si mesmo: a esperteza do idealista. O idealista: um ser, que tem razões para permanecer no escuro no que diz respeito a si mesmo e que é esperto o suficiente para também permanecer no escuro no que diz respeito a essas razões.

11 (59)

(324) A fêmea literária, insatisfeita, excitada, seca no coração e nas vísceras, obedecendo todo o tempo com uma curiosidade dolorosa ao imperativo de *ser* categórica do fundo de sua organização: a fêmea literária, suficientemente culta para compreender a voz da natureza, mesmo quando a natureza fala latim; e, por outro lado, ambiciosa o suficiente para ainda falar secretamente francês consigo mesma: "*je me verrai, je me lirai, je m'extasierai et je dirai: possible que j'ai eu tant d'esprit?*"[17]...

A mulher perfeita comete literatura como se comete um pequeno pecado, por experiência, *en passant*, olhando à sua volta para ver se alguém nota e *para que* alguém note: ela sabe como cai bem na mulher perfeita uma pequenina mancha de podridão e de uma degeneração marrom – ela sabe ainda melhor como todo fazer literário *produz um efeito* na mulher, como um ponto de interrogação com relação a todos *os outros pudeurs*[18] femininos...

11 (60)

(325) *A obscuridade moderna.* –

Não sei o que se quer fazer com o trabalhador europeu. Ele se acha bem demais, para não exigir mais agora passo a passo, para não exigir de maneira cada vez mais imodesta: ele tem em última instância o número a seu favor. Não há mais absolutamente nenhu-

17 **N.T.:** Em francês no original: eu me veria, me leria, me extasiaria e diria: será possível que eu tenha tanto espírito?

18 **N.T.:** Em francês no original: pudor.

ma esperança de que se forme aqui um tipo modesto e acomodado em sua parca situação, uma escravidão no sentido mais atenuado da palavra, em resumo, uma classe, algo que possua imutabilidade. As pessoas tornaram o trabalhador apto para o serviço militar: deram-lhe o direito de voz, o direito de coalizão: fez-se tudo para estragar os instintos, nos quais poderia se fundar um dinastia chinesa de trabalhadores: de modo que o trabalhador hoje já sente e deixa que sintam a sua existência como um estado de emergência (expresso em termos morais: como uma *injustiça*...)... Mas perguntemos uma vez mais: o que se quer? Se se quer uma meta, é preciso que se queiram também os meios: se se quer escravos – e precisa-se deles –, então não se podem educá-los para serem senhores.

11 (61)

(326) "A soma do desprazer é preponderante em relação à soma do prazer: consequentemente, o não ser do mundo seria melhor do que o ser": um falatório desse gênero é chamado hoje de pessimismo.

"O mundo é algo que de maneira racional não seria, porque ele causa ao sujeito sensiente mais desprazer do que prazer."

Prazer e desprazer são coisas secundárias, não são coisas originárias (causas);[19] eles são juízos de valor de um segundo nível, de um nível que se deriva primeiramente de um valor que governa; um valor que fala sob a forma do sentimento "útil", "nocivo", e, consequentemente, que é absolutamente fugaz e dependente. Pois sempre precisamos perguntar junto a todo "útil" e "nocivo" 100 "para quês" diversos.

Desprezo esse *pessimismo da sensibilidade*: ele mesmo é um sinal do profundo empobrecimento de vida. Nunca permitirei

---

19 **N.T.:** Há, aqui, um jogo de palavras presente no original. Em verdade, o termo alemão para causa (*Ursache*) significa literalmente coisa (*-sache*) originária (*Ur-*). Assim, às causas como coisas originárias correspondem elementos secundários que se derivam dessas coisas originárias. Para que essa relação não se perdesse, resolvemos traduzir ao pé da letra o termo *Ursache* e inserir entre parênteses o seu sentido vernacular.

que um macaco tão magro quanto Hartmann fale de seu "pessimismo filosófico". –

11 (62)

(327) Talma disse:

Oui, nous devons être sensibles, nous devons éprouver l'émotion, mais pour mieux l'imiter, pour mieux en saisir le caractère par l'étude et la réflexion. Notre art en exige de profondes. Point d'improvisation possible sur la scène, sous peine d'échec. Tout est calculé, tout doit être prévu, et l'émotion, qui semble soudaine, et le trouble, qui paraît involontaire. – L'intonation, le geste, le regard qui semblent inspirés, ont été répétés cent fois. Le poète rêveur cherche un beau vers, le musicien une mélodie, le géomètre une démonstration: aucun d'eux n'y attache plus d'intérêt que nous à trouver le geste et l'accent, qui rend le mieux le sens d'un seul hémistiche. Cette étude suit en tous lieux l'acteur épris de son art. – Faut'il vous dire plus? Nous nous sommes à nous-mêmes, voyes vous, quand nous aimons notre art, des sujets d'observation. J'ai fait des pertes bien cruelles; j'ai souvent ressenti des chagrins profonds; hé bien, après ces premiers moments où la douleur se fait jour par des cris et par des larmes, je sentais qu'involontairement je faisais un retour sur mes souffrances et qu'en moi, à mon insu, *l'acteur étudiait l'homme et prenait la nature sur le fait. Voici de quelle façon nous devons éprouver l'émotion pour être un jour en état de la rendre; mais non à l'improvise et sur la scène, quand tous les yeux sont fixés sur nous; rien n'exposerait plus notre situation. Récemment encore, je jouais dans* Misanthropie et repentir *avec une admirable actrice; son jeu si réfléchi et pourtant si naturel et si vrai, m'entraînait. Elle s'en aperçut. Quel triomphe! E pourtant elle me dit tout bas: "Prenez garde, Talma, vous êtes ému!" C'est qu'en effet de l'émotion naît le trouble; la voix résiste, la mémoire manque, les gestes sont faux, l'effet est détruit! Ah! Nous ne sommes pas la nature, nous ne sommes que l'art, qui ne peut tendre qu'à imiter.*[20]

20 **N.T.:** Em francês no original: Sim, nós devemos ser sensíveis, nós devemos experimentar a emoção, mas para melhor imitá-la, para melhor dominar

11 (63)

Lessing colocava Molière abaixo de Destouches
Minna von Barnhelm – "*un marivaudage raisonné*".

11 (64)

Chinês: "como meu amado está alojado em meu coração, tomo cuidado para não comer coisas quentes: este calor não deve ser chato para ele".

"Se tu mesmo vires tua mãe morrer de fome, não faça nada que seja contra a virtude."

"Se tu, como a tartaruga que recolhe os seus cinco membros no casco, recolheres os teus cinco sentidos em ti mesmo, então esse ato ainda virá a teu favor depois da morte: tu obterás a bem-aventurança celeste."

---

o caráter da emoção por meio do estudo e da reflexão. Nossa arte o exige profundamente. Nenhuma improvisação é possível em cena, sob pena de fracasso. Tudo é calculado, tudo deve ser previsto, a emoção, que parece repentina, tanto quanto o turvamento, que parece involuntário. – A entonação, o gesto, o olhar, que parecem inspirados, foram repetidos mil vezes. O poeta sonhador busca um verso bonito, o músico, uma melodia, o geômetra, uma demonstração: nenhum deles coloca aí mais interesse do que nós ao buscar o gesto e o acento, que torna melhor o sentido de um hemistíquio. Este estudo segue por toda parte o ator apaixonado por sua arte. – É preciso dizer-vos mais? Vede, quando amamos nossa arte, somos para nós mesmos sujeitos da observação. Tive perdas bem cruéis; com frequência, senti aflições profundas; e, apesar disso, depois desses primeiros momentos em que a dor vem à tona por meio de gritos e de lágrimas, eu sentia que estava me voltando involuntariamente sobre os meus sofrimentos e que em mim, *com o meu conhecimento*, o ator estudava o homem e tomava a natureza pelo fato. Eis de que modo nós devemos experimentar a emoção para um dia estarmos em condições de produzi-la; mas não de improviso e em cena, quando todos os olhos estiverem fixados sobre nós; nada exporia mais a nossa situação. Muito recentemente, eu estava encenando *Misanthropie et repentir* com uma atriz admirável; sua atuação tão refletida e, no entanto, tão natural e tão verdadeira funcionou para mim como um aprendizado. Ela o percebeu. Que triunfo! E, contudo, me disse bem baixinho: "Tomai cuidado, Talma, vós estais emocionado!" É que, com efeito, da emoção nasce o turvamento; a voz resiste, a memória falta, os gestos são falsos, o efeito é destruído! Ah! Nós não somos a natureza, nós não somos senão a arte, que não pode buscar outra coisa além de imitar.

11 (65)

"As pessoas ficam espantadas com as muitas hesitações e vacilações na argumentação de Montaigne. Colocado no índex do Vaticano, porém, há muito tempo suspeito para todos os partidos, ele talvez coloque voluntariamente sobre sua perigosa tolerância, sobre sua caluniada isenção, a surdina de uma espécie de questão. Isso já era muito em sua época: humanidade que *duvida...*"

11 (66)

Mérimée, supérieur comme joaillier en vices et comme ciseleur en difformités, pertence ao movimento de 1830, não por meio da *passion* (ela lhe falta –), mas por meio da novidade do *procédé* calculado, a escolha ousada das matérias-primas.

11 (67)

"*bains intérieurs*", para me expressar de modo cultivado como a Madame Valmore

11 (68)

"*rien ne porte malheur comme une bonne action*"[21]

11 (69)

(328) Sainte-Beuve: "*la jeunesse est trop ardent pour avoir de goût.*

Pour avoir du goût, il ne suffit pas d'avoir en soi la faculté de goûter les belles et douces choses de l'esprit, il faut encore du loisir, une âme libre et vacante, redevenue comme innocente, non livrée aux passions, non affairée, non bourrelée d'âpres soins et d'inquiétudes positives; une âme désintéressée et même exempte du feu trop ardent de la composition, non en proie à propre verve insolente; il faut du repos, de l'oubli, du silence, d'espace autour de soi. Que de conditions, même

21 **N.T.:** Em francês no original: nada faz tanto mal quanto uma boa ação.

quand on a en soi la faculté de les trouver, pour jouir des choses délicates!"[22]

11 (70)

Na apresentação da *Cristine* (de A. Dumas): Joanny tem um passaporte assinado pela rainha. No instante de se servir dele, ele muda de opinião e coloca o papel em seu bolso, dizendo: *réservons en l'effet pour de plus grands besoins.*[23]

11 (71)

(329) Desprazer e prazer são os *meios* mais estúpidos *de expressão* de juízos que podemos pensar: com o que não se está dizendo que os juízos que ganham voz desse modo precisariam ser estúpidos. O abandono de toda fundamentação e logicidade, um sim ou não na redução a um querer-ter ou repelir apaixonados, uma abreviação imperativista, cuja utilidade é inconfundível: é isso que é o prazer e o desprazer. Sua origem está na esfera central do intelecto; sua pressuposição é uma percepção, uma ordenação, uma verificação, uma dedução infinitamente aceleradas: prazer e desprazer são sempre fenômenos conclusivos, nunca "causas"...

A decisão quanto àquilo que deve provocar desprazer e prazer depende do grau de poder: o mesmo que, em vista de um *quantum* de poder pequeno, se mostra como perigo e intimação à defesa mais rápida possível pode ter como consequência junto

22 **N.T.:** Em francês no original: a juventude é ardente demais para ter gosto. Para ter gosto, não é suficiente ter em si a faculdade de gozar das belas e doces coisas do espírito, mas também é necessário ócio, uma alma livre e desocupada, resurgida como inocente, sem estar entregue às paixões, sem estar atribulada, sem estar atormentada por preocupações e inquietudes positivas; uma alma desinteressada e mesmo isenta do fogo ardente demais da composição, não aflita por sua própria veia insolente; é preciso repouso, esquecimento, silêncio e espaço à sua volta. Mesmo quando se possui em si a faculdade de encontrar coisas delicadas, essas são condições para que se possa gozar dessas coisas!

23 **N.T.:** Em francês no original: deixemos o efeito para momentos de maior necessidade.

a uma maior consciência de plenitude de poder um estímulo voluptuoso, um sentimento de prazer.

Todos os sentimentos de prazer e desprazer já pressupõem uma *medição segundo a utilidade conjunta, a nocividade conjunta*: ou seja, uma esfera, na qual tem lugar o querer uma meta (um estado) e a escolha dos meios para tanto. Prazer e desprazer nunca são "fatos originários".

Sentimentos de prazer e desprazer são *reações volitivas* (*afetos*), nas quais o centro intelectual fixa o valor de certas transformações acontecidas em relação ao valor conjunto, ao mesmo tempo como introdução de ações contrárias.

11 (72)

(330) Se o movimento do mundo tivesse um estado final, então esse estado já precisaria ter sido alcançado. O único fato fundamental, porém, é o de que o mundo não possui *nenhum* estado final: e toda filosofia ou hipótese científica (por exemplo, o mecanicismo), nas quais tal estado final se torna necessário, são *refutadas* pelo fato único... Busco uma concepção do mundo que faça jus a *este* fato: o devir deve ser explicado, sem que nos refugiemos em tais intenções finais: o devir precisa aparecer justificado a cada instante (*ou impassível de ser avaliado*: o que dá no mesmo); o presente não pode ser absolutamente justificado por causa de algo futuro ou o passado em virtude do presente. A "necessidade" não se mostra sob a forma de uma força conjunta sobrepujante, dominadora, ou de um primeito motor; ainda menos como necessária, para condicionar algo valoroso. Para tanto é necessário negar uma consciência conjunta do devir, um "Deus", a fim de não inserir o acontecimento no ponto de vista de um ser que tudo sente e conhece concomitantemente e que não *quer* nada: "Deus" é inútil, se ele não quer algo, e, por outro lado, estabele-se com ele uma *soma de desprazer e ilogicidade* que reduziria o valor conjunto do "devir": felizmente falta precisamente tal poder somador (– um deus sofredor e vigilante, um "sensório conjunto" e um "espírito do todo" – seria a *maior objeção contra o ser*).

Dito de maneira mais rigorosa: não *se tem o direito de admitir nada que seja* – porque nesse caso o devir perde seu valor e se mostra precisamente como sem sentido e supérfluo.

Consequentemente, precisamos perguntar como a ilusão do ente pode (precisa) ter surgido.

Do mesmo modo: como todos os juízos de valor, que repousam nessa hipótese de que haveria algo que é, são desvalorizados.

Com isso, porém, reconhece-se que essa *hipótese do ente* é a fonte de toda *difamação do mundo*

"o mundo melhor, o mundo verdadeiro, o mundo do 'além', a coisa em si"

1) o devir não possui nenhum *estado final*, ele não desemboca em um "ser".
2) o devir não é *nenhum estado aparente*; talvez o mundo *essente* seja uma aparência.
3) o devir possui o mesmo valor a cada instante: a soma de seu valor permanece igual a si mesma: *expresso de outro modo: ele não possui nenhum valor*, pois falta algo a partir do que ele poderia ser medido e em relação ao que a palavra "valor" teria um sentido.

O *valor conjunto do mundo é inavaliável*; consequentemente, o pessimismo filosófico está entre as coisas cósmicas.

11 (73)

(331) O ponto de vista do "valor" é o ponto de vista das *condições de conservação-elevação* no que diz respeito a configurações complexas de duração relativa de vida no interior do devir:

–: não há nenhuma unidade derradeira duradoura, nenhum átomo, nenhuma mônada: aqui também "o ente" é primeiro *introduzido* por nós (por razões práticas, úteis, perspectivísticas)

–: "construções de domínio"; a esfera daquilo que é dominante constantemente crescendo ou periodicamente encolhendo, aumentando; ou, sob o favor ou desfavor das circunstâncias (da alimentação –)

–: "valor" é essencialmente o ponto de vista para a ampliação ou o encolhimento desses centros dominantes ("pluralidades" em todo caso, mas a "unidade" não está de maneira alguma presente na natureza do devir)

–: um *quantum poder*, um devir, na medida em que nada possui aí o caráter do "ser"; desse modo

–: os meios expressivos da língua são inúteis para expressar o devir: pertence à nossa *carência indissolúvel por conservação* posicionar constantemente um mundo mais tosco de algo permanente, de "coisas" etc. Relativamente, podemos falar de átomos e mônadas: e, com certeza, o *menor mundo em termos de duração é o mais duradouro...*

Não há nenhuma vontade: há pontuações volitivas, que constantemente ampliam ou perdem seu poder.

11 (74)

(322) – que no "*processo do todo*" *o trabalho da humanidade não interessa*, porque não há de maneira alguma um processo conjunto (esse processo pensado como sistema –):

– que não há nenhum "todo", que *toda depreciação da existência humana* e das metas humanas não pode ser feita com vistas a algo que de modo algum existe...

– que a necessidade, a causalidade, a conformidade a fins são *aparências*

– que a meta *não* é a ampliação da consciência, mas a elevação do poder, uma elevação na qual é concomitantemente computada a utilidade da consciência, tanto com o prazer quanto com o desprazer

– que não se tomam os *meios* para o supremo critério de medida (ou seja, não estados da consciência, tal como prazer e dor, se a própria consciência é um meio –)

– que o mundo não é de maneira alguma um organismo, mas o caos: que o desenvolvimento da "espiritualidade" é um meio para a duração relativa da organização...

– que toda "desejabilidade" não possui nenhum sentido em relação ao caráter conjunto do ser.

11 (75)

(333) a causa do prazer *não* é a satisfação da vontade: quero lutar particularmente contra essa teoria maximamente superficial. A absurda falsificação psicológica das coisas imediatas...

mas antes o fato de a vontade querer seguir adiante, assenhorear-se sempre uma vez mais daquilo que se encontra em seu caminho: o sentimento de prazer reside precisamente na insatisfação da vontade, no fato de ela não estar suficientemente satisfeita sem os limites e as resistências...

"O homem feliz": o ideal de rebanho.

11 (76)

(334) A normal *insatisfação* de nossos impulsos, por exemplo, da fome, do impulso sexual, do impulso motor, ainda não contém em si de modo algum algo desanimador; ela age muito mais de forma instigante sobre o sentimento de vida, assim como todo ritmo de pequenos estímulos dolorosos o *fortalece*: o que mesmo os pess<imistas> podem ratificar: essa insatisfação, ao invés de nos fazer perder o gosto pela vida, é o grande *estimulante* da vida.

Poder-se-ia, talvez, designar o prazer em geral como um ritmo de pequenos estímulos de desprazer...

11 (77)

(335) De acordo com as resistências que uma força busca para delas se assenhorear, precisa sempre crescer a medida de insucesso e de fatalidade que são provocados: e uma vez que toda força só se manifesta junto àquilo que lhe oferece resistência, há em toda ação um *ingrediente de desprazer*. Só que esse desprazer atua como um estímulo à vida: e fortalece a *vontade de poder*!

11 (78)

(336) Os homens *mais espiritualizados*, supondo que sejam os mais corajosos, também vivenciam de longe as tragédias mais dolorosas: por isso, porém, eles honram a vida, porque ela lhes confronta com o *maior antagonismo*...

11 (79)

(337) Os meios, com os quais Júlio César se defendeu do adoecimento e da dor de cabeça: marchas descomunais, um modo de vida simples, permanência ininterrupta ao ar livre e fainas constantes: por alto, essas são as condições de conservação do gênio em geral.

11 (80)

(338) Cautela diante da moral: ela nos desvaloriza para nós mesmos –

Cautela diante da compaixão: ela nos sobrecarrega com a penúria de outros –

Cautela diante da "espiritualidade": ela estraga o caráter, na medida em que deixa extremamente solitário: solitário, isto é, solto, desatrelado...

11 (81)

– somente o devir é sentido, mas não a morte (?)

11 (82)

O sentido do devir precisa ser preenchido, alcançado, consumado a cada instante.

11 (83)

(339) Aquilo que é denominado uma boa ação não passa de uma incompreensão; tais ações não são absolutamente possíveis.

O "egoísmo" tanto quanto o "altruísmo" não passam de uma ficção popular; assim como o indivíduo, a alma.

Em meio à pluralidade descomunal do acontecimento no interior de um organismo, a parte de que temos consciência é um mero cantinho: e o pouco de "virtude", "altruísmo" e ficções similares são punidos de uma maneira radical como mentiras pelo conjunto do acontecimento restante. Nós fazemos bem em estudar nosso organismo em sua perfeita imoralidade...

As funções animais são por princípio infinitamente mais importantes do que todos os estados belos e do que todas as alturas da consciência: esses estados e essas alturas não são senão um excesso, enquanto eles não precisam se mostrar como instrumentos para aquelas funções animais.

Toda a vida *consciente*, o espírito juntamente com a alma, juntamente com o corpo, juntamente com a bondade, juntamente com a virtude: a serviço de que afinal ela trabalha? A serviço do maior aperfeiçoamento possível dos meios (meios de conservação, meios de elevação) das funções animais fundamentais: antes de tudo *da elevação da vida*.

Há, portanto, indizivelmente mais naquilo que se chamou "corpo", "carne": o resto é um pequeno acessório. A tarefa de tramar toda a cadeia da vida de tal modo *que o fio fique cada vez mais poderoso* – essa é a tarefa. Mas vê-se agora como o coração, a alma, a virtude, o espírito conspiram formalmente para *inverter* essa tarefa principial: como se *eles* fossem a meta... A degeneração da vida é essencialmente condicionada pela extraordinária capacidade de errar da consciência: ela é a que menos se deixa frear pelos instintos e que, por isso, *se engana* por mais tempo e de maneira mais fundamental.

Julgar pelos *sentimentos agradáveis ou desagradáveis dessa consciência* se a existência possui um valor: é possível pensar em um excesso mais absurdo da vaidade? A consciência é apenas um meio: e sentimentos agradáveis ou desagradáveis são também apenas meios! – A partir do que se mede objetivamente o *valor*? Apenas a partir do *quantum de poder elevado e organizado*, segundo o qual aquilo que em todo acontecimento acontece é uma vontade de mais...

11 (84)

O "espírito" estabelecido como essência do mundo: a logicidade como essencial

11 (85)

(340) Por meio do álcool e do haxixe, nós retornamos a estágios da cultura que tinham sido superados (aos quais se tinha ao menos *sobrevivido*). Todas as comidas fornecem uma revelação qualquer sobre o passado, do qual *surgimos*.

11 (86)

Mesmo o sábio faz com frequência o mesmo que aquelas mulheres estúpidas que não consideram o leite um alimento, mas, sim, os nabos:

11 (87)

(341) Quero exigir de volta como propriedade e produto do homem toda a beleza e toda a sublimidade que emprestamos às coisas reais e imaginárias: como a sua mais bela apologia. O homem como poeta, como pensador, como Deus, como amor, como poder –: ó, sobre a sua generosidade imperial, com a qual ele presenteou as coisas, a fim de se *empobrecer* e *se* sentir miserável! Esse foi até aqui o seu maior altruísmo, o fato de ele ter admirado e louvado e ter sabido se esconder, o fato de ter sido ele quem criou o que ele admirava. –

11 (88)

(342) O quanto a mistura sentimental da música alemã não é devedora da satisfação inconfessa e mesmo inconsciente de antigas necessidades religiosas! O quanto de oração, de virtude, de unguento, de virgindade, de incenso, de caprichos e de "cubículos" não continua ganhando voz aí! O fato de a própria música se abstrair da palavra, do conceito, da imagem: ó, como ele sabe se aproveitar disso, o "eterno-feminino" malicioso e feminino! A mais proba consciência não precisa se envergonhar, quando esse instinto se satisfaz – ela permanece de fora. Isso é saudável, inteligente e, na medida em que mostra vergonha ante a mesquinhez de todo juízo religioso, um bom sinal... Apesar de tudo isso, ela permanece uma hipocrisia...

Em contrapartida, se se coloca de lado o simbolismo religioso, tal como Wagner o fez em seus últimos dias com uma perigosa mendacidade, tal como acontece no Parsifal, em que ele alude e não apenas alude ao disparate supersticioso da última ceia: então tal música provoca indignação...

11 (89)

(343) Os homens sempre entenderam mal o amor: eles acreditam que sejam aí altruístas, porque querem o proveito de

outro ser, com frequência contra o seu próprio proveito: mas para tanto eles querem *possuir* esse outro ser... Em outros casos, o amor é um parasitismo mais fino, o perigoso aninhar-se de uma alma em outra alma – às vezes também na carne... Ah! O quanto isso não se dá às custas "do dono da casa"!

Quanta vantagem o homem sacrifica, o quão pouco ele é "egoísta"! Todos os seus afetos e paixões querem ter sua razão – e o quão distante da astuta utilidade não se encontra o afeto!

Não se quer sua "felicidade"; é preciso ser inglês para poder acreditar que o homem sempre busca seu proveito; nossos desejos querem se apropriar das coisas em uma longa paixão – sua força acumulada busca as resistências.

11 (90)

O primeiro a fazer o melhor uso possível de R<ichard> W<agner> nos dirá o quanto ele vale. Por vezes tenta-se acreditar em um valor de W<agner>, no qual ele mesmo poderia ter gostado muito de acreditar.

11 (91)

(344) Enobrecimento da prostituição, *não* extinção...

O casamento teve durante muitíssimo tempo a má consciência contra si: devemos acreditar nisso? Sim, nós devemos acreditar. –

Para a honra das mulheres velhas –

11 (92)

Tomo a liberdade de me esquecer. Depois de amanhã quero estar de novo em casa.

11 (93)

(345) tudo aquilo com o que o homem até aqui não soube lidar, tudo aquilo que nenhum homem até aqui digeriu, os "*excrementos da existência*" – para a sabedoria, ao menos, ela continua sendo o melhor esterco...

11 (94)

(346) Aquele imperador mantinha diante de si constantemente a perecibilidade de todas as coisas, a fim de não considerá-las *tão importantes* e de permanecer tranquilo junto a elas. Para mim, ao contrário, tudo parece ser valioso demais, para que pudesse ser assim tão fugidio: busco uma eternidade para tudo: temos o direito de jogar os unguentos e os vinhos mais deliciosos ao mar? – e meu consolo é que tudo aquilo que foi é eterno: – o mar o lança de volta à superfície

11 (95)

(347) Como se sabe, as pessoas continuaram amolando Voltaire em seus últimos instantes: "Vós acreditais na divindade de Cristo?", perguntou-lhe seu cura; e, não satisfeito com o fato de Voltaire ter dado a entender que queria ser deixado em paz, ele repetiu sua pergunta. Furioso, Voltaire repeliu o impertinente questionador: "*au nom du dieu!* – ele gritou em sua face – *ne me parlez pas de cet-homme là!*"[24] – últimas palavras imortais, nas quais está resumido tudo aquilo contra o que esse espírito de todos o mais corajoso tinha lutado. –

Voltaire emitiu o juízo: "Não há nada divino nesse judeu de Nazaré": foi assim que o *gosto clássico* julgou a partir dele.

O gosto clássico e o gosto cristão empregam o conceito do "divino" de maneiras fundamentalmente diversas; e quem tem o primeiro no corpo não pode sentir outra coisa em relação ao cristianismo senão que ele é *foeda <superstício>* e, em relação ao ideal cristão, que ele é uma caricatura e uma degradação do divino.

11 (96)

(348) O fato de se colocar o *agente* uma vez mais na ação, depois de tê-lo extraído da ação conceitualmente e, com isso, esvaziado a ação;

---

24 **N.T.:** Em francês no original: em nome de deus! Não me fale nesse homem!

O fato de se retirar o fazer-*algo*, a "meta", a "intenção", o "fim", colocando-os uma vez mais na ação, depois de tê-los extraído artificialmente da ação e, com isso, esvaziado a ação;

O fato de todo "fim", toda "meta", todo "sentido" não serem outra coisa senão expressão de uma vontade, que é inerente a todo acontecimento, a vontade de poder; o fato de fins, metas, ter intenções, *querer* em geral significarem o mesmo que querer-vir-a-ser-mais-forte, e também querer os *meios para tanto*;

O fato de o instinto mais universal e mais inferior em toda ação e em todo querer ter permanecido justamente por isso o menos conhecido e o mais velado, porque nós sempre seguimos em verdade seu comando, porque *somos* esse comando... Todos os juízos de valor são apenas consequências e perspectivas mais estreitas a *serviço dessa vontade una*: o próprio avaliar é apenas essa vontade de poder; uma crítica do ser a partir de algum desses valores é algo absurdo e uma incompreensão; mesmo supondo que se introduza aí um processo de declínio, esse processo continua a *serviço dessa vontade*...

Avaliar o próprio ser: mas o próprio avaliar ainda é esse ser –: e, na medida em que dizemos não, continuamos sempre fazendo o que *somos*... É preciso que percebamos o *absurdo* desse gesto condenador da existência; busquemos ainda desvendar *o que* se dá propriamente com ele. Ele é sintomático.

11 (97)

(349) O niilismo filosófico é a convicção de que todo acontecimento é sem sentido e em vão; e que não deveria haver mais nenhum ser sem sentido e vão. Mas de onde provém esse: não deveria? Mas de onde se retira *esse* "sentido"? *Essa* medida? – O niilista pensa no fundo que a visão de tal ser árido e inútil age sobre um filósofo de maneira *insatisfatória*, árida, desesperada; uma tal compreensão contradiz nossa sensibilidade mais sutil como filósofos. Esse fato conflui para a avaliação absurda: o caráter da existência *precisaria agradar ao filósofo*, se é que ela deve subsistir com razão...

Agora, é fácil compreender que o agrado e o desprazer no interior do acontecimento só podem ter o sentido de meios: restaria perguntar, se nós *poderíamos* efetivamente ver o "sentido" e a "meta", se a questão da ausência de sentido ou de seu contrário não é insolúvel para nós. –

11 (98)

(350) Valor da perecibilidade: algo que não possui nenhuma duração, que se contradiz, possui pouco valor. Mas as coisas, nas quais acreditamos como *duradouras*, são como tais *puras ficções*. Se tudo flui, então a perecibilidade é uma qualidade (a "verdade"), e a duração e a perecibilidade, apenas uma *aparência*.

11 (99)

(351) *Crítica do niilismo.* –

1.

O *niilismo como estado psicológico* precisará entrar em cena *em primeiro lugar*, quando tivermos buscado um "sentido" em todo acontecimento, que não está aí: de modo que aquele que busca perde finalmente o ânimo. Niilismo é a conscientização da longa *dissipação* de força, a agonia do "em vão", a insegurança, a falta de oportunidade de descansar, de ainda se aquietar quanto a alguma coisa – a vergonha diante de si mesmo, como se tivéssemos nos *enganado* por um tempo longo demais... Esse sentido poderia ter sido: a "realização" de um cânone ético supremo em todo acontecimento, a ordem ética do mundo; ou o acréscimo do amor e da harmonia no trânsito entre os seres; ou a aproximação de um estado de felicidade geral; ou mesmo o arremetimento direto para um estado de nada – uma meta é sempre ainda um sentido. O que há de comum em todos esses tipos de representação é o fato de algo dever ser *alcançado* por meio do próprio processo: – e, então, compreende-se que com o devir *nada* é obtido, *nada* é alcançado... Ou seja, a desilusão quanto a uma *suposta meta do devir* como causa do niilismo: seja com vistas a uma meta totalmente determinada, seja, em termos genéricos, a compreensão do caráter insuficiente de todas as hipóteses ligadas até aqui a metas que dizem respeito a todo o "desenvolvimento" (– o homem *não* é mais colaborador, para não falar de o ponto central do devir).

O niilismo como estado psicológico entra *em segundo lugar* em cena, quando se estabelece uma *totalidade*, uma *sistematização*, mesmo uma *organização* em todo acontecimento e sob todo acontecimento: de modo que a alma sedenta de admiração e veneração regala-se com a representação conjunta de uma forma de domínio e de administração supremas (– caso se trate da alma de um lógico, a absoluta consequência e dialética real já são suficientes para que ele se reconcilie com tudo...). Uma espécie de unidade, uma forma qualquer de "monismo": e, em consequência dessa crença, o homem em um profundo sentimento de conexão e de dependência em relação a um todo infinitamente superior, um modo da divindade... "O bem-estar do universal exige a entrega do singular"... mas, veja, não *há* nenhum universal como tal! No fundo, o homem perdeu a crença em seu valor, caso não atue através dele uma totalidade infinitamente valorosa: ou seja, ele concebeu uma tal totalidade a fim de *poder acreditar em seu valor*.

O niilismo como estado psicológico tem ainda uma *terceira* e *derradeira* forma. Dadas essas duas *intelecções*, a de que com o devir nada é obtido e a de que não vigora por debaixo de todo devir nenhuma grande unidade, na qual o singular pudesse submergir completamente como em um elemento de um valor supremo: então ainda resta como *refúgio* condenar todo o mundo do devir como uma ilusão e inventar um mundo que se encontra para além desse mundo do devir, um mundo *verdadeiro*. Contudo, logo que o homem descobre como esse mundo só ganhou espaço por necessidades psicológicas e como ele não tinha razão alguma para tanto, surge a última forma do niilismo, que encerra em si a *descrença em um mundo metafísico* – que se proíbe a crença em um mundo *verdadeiro*. Sob esse ponto de vista, admite-se a realidade do devir como a *única* realidade, proíbe-se todo tipo de atalhos para trasmundos e falsas divindades – *mas não se suporta esse mundo que já não se quer negar...*

– O que aconteceu, no fundo? O sentimento da *ausência de valor* foi alcançado, quando se compreendeu que o caráter conjunto da existência não pode ser interpretado nem com o conceito de "*meta*", nem com o conceito de "*unidade*", nem com o conceito de "*verdade*". Nada é obtido e alcançado; falta a unidade abrangente na pluralidade do acontecimento: o caráter do acontecimento não é "verdadeiro", é *falso*..., não se tem mais simplesmente nenhuma razão para tentar se convencer de um mundo verdadeiro...

Em suma: as categorias "meta", "unidade", "ser", com as quais tínhamos inserido um valor no mundo, foram *retiradas* uma vez mais por nós – e agora o mundo parece *sem valor*...

2.

Supondo que nós reconhecemos em que medida o mundo não pode ser *interpretado* com essas *três* categorias e que, segundo essa compreensão, o mundo começa a se tornar sem valor para nós: precisamos nos perguntar *de onde* provém a nossa crença nessas três categorias – tentemos ver se não é possível retirar-*lhes* a crença. Se *desvalorizarmos* essas três categorias, então a prova de sua inaplicabilidade não é mais nenhuma razão para *desvalorizarmos o todo*.

***

Resultado: a *crença nas categorias da razão* é a causa do niilismo – nós medimos o valor do mundo a partir de categorias *que se ligam a um mundo puramente fictício*.

***

Resultado final: todos os valores com os quais procuramos tornar primeiramente o mundo apreciável para nós até agora e que por fim *desvalorizamos* justamente por isso, quando se revelaram como impassíveis de serem estabelecidos – todos esses valores são, computados psicologicamente, resultados de determinadas perspectivas de utilidade voltadas para a manutenção e a elevação de construções humanas de domínio: e falsamente apenas *projetadas* para o interior da essência das coisas. Trata-se sempre ainda da *ingenuidade hiperbólica* do homem <estabelecer> a si mesmo como o sentido e a medida das coisas...

11 (100)

(352) Os valores supremos, em cujo serviço o homem *deveria* viver, sobretudo se eles dispusessem do homem de maneira por demais pesada e dispendiosa: esses *valores sociais* foram construídos sobre o homem com a finalidade de *fortalecer* o tom, como se eles fossem comandos de Deus, como "realidade", como mundo "verdadeiro", como esperança e como um mundo *futuro*. Agora, no momento em que fica clara a proveniência *mesquinha* desses valores, o todo nos parece desvalorizado, ele parece ter se tornado "desprovido de valor"... mas esse é apenas um *estado intermediário*.

11 (101)

Não gostaria de maneira alguma de tomar parte na comédia desprezível, que continua sendo chamada hoje, sobretudo na Prússia, de *pessimismo filosófico*; não vejo nem mesmo a necessidade de falar sobre ele. Nós já deveríamos ter nos afastado há muito tempo com nojo desse espetáculo teatral que nos é oferecido pelo macaco magro que é o senhor von Hartmann: a meu ver, não se pode *levar em consideração* ninguém que coloque ao mesmo tempo na boca o nome de Hartmann e de Schopenhauer.

11 (102)

(353) Que não cometamos nenhuma covardia contra suas ações. Que não as abandonemos na mão em seguida... O remorso é indecente.

11 (103)

(354) Que recoloquemos, finalmente, os valores humanos uma vez mais bem comportados em seus cantos, nos únicos espaços em que eles têm razão: como valores marginais.[25] Muitas espécies animais já desapareceram; supondo que o homem também venha a desaparecer, não faltaria nada no mundo. É preciso ser suficientemente filósofo para poder admirar também *esse* nada (– *Nil admirari* –).

---

25 **N.T.:** O termo alemão *eckensteher* significa, literalmente, aquilo que se encontra no canto.

11 (104)

(355) Se não temos problema algum com o "por quê?" de nossas vidas, então levamos na flauta o seu "como?". Quando o valor do prazer e o do desprazer ganham o primeiro plano e damos ouvidos a doutrinas hedonistas e pessimistas, isso já é por si só um sinal de descrença no "por quê?", na meta e no sentido, uma *falta de vontade*; e renúncia, resignação, virtude, "objetividade" já podem se mostrar no mínimo como um sinal de que começa a faltar o principal.

Que saibamos nos dar uma meta – – –

11 (105)

N.B. Um homem-plebe, um homem do rancor, um *Rankunkel*...

11 (106)

Não se pode confundir: – a descrença como *incapacidade* de chegar efetivamente a *acreditar* e, por outro lado, como incapacidade de *ainda* acreditar em algo: no último caso simplesmente como sintoma de uma nova crença –

É próprio da descrença como incapacidade a *inaptidão para negar* – ela não sabe se defender nem de um sim nem de um não...

11 (107)

O ócio está no começo de toda filosofia. – Por conseguinte – a filosofia é um vício?...

11 (108)

Um filósofo descansa de modo diverso e com coisas diversas. A crença em que não há nenhuma verdade, a crença dos niilistas, é um grande espreguiçar-se para alguém que, como guerreiro do conhecimento, está incessantemente em luta com verdades extremamente feias. Pois a verdade é feia.

11 (109)

Se deduzimos da música a música dramática: ainda resta muita coisa da boa música.

11 (110)

Nós também acreditamos na virtude: mas na virtude no estilo da *renaissance*, *virtù*, virtude livre de toda moral.

11 (111)

Como é possível que o artigo de fé fundamental de toda psicologia sejam as mais graves deturpações e falsificações? "*O homem aspira à felicidade*", por exemplo – o que há de verdade aí! Para compreender o que é a vida, que tipo de aspiração e de tensão a vida é, a fórmula precisaria ser igualmente válida para árvores, plantas e animais. "Ao que aspira a planta?" – mas já erigimos aqui uma falsa unidade, uma unidade que não há: o fato de um crescimento milionésimo com iniciativas próprias e semipróprias ser escondido e negado, quando antepomos a unidade maciça "planta". O fato de os menores "indivíduos" derradeiros *não* serem compreensíveis no sentido de um "indivíduo metafísico" e de um átomo, o fato de suas esferas de poder se deslocarem continuamente – é isso que é antes de tudo visível: mas será que cada um deles, se eles se transformam dessa maneira, aspira à "*felicidade*"? – Mas todo expandir-se, incorporar, crescer é uma aspiração contra algo que resiste, o movi<mento> é essencialmente algo ligado a estados de desprazer: em todo caso, aquilo que impulsiona aqui precisa querer algo diverso, se é que ele quer e busca incessantemente desse modo o desprazer. – Pelo que as árvores de uma floresta virgem lutam umas com as outras? Por "felicidade"? – *Por poder*...

O homem, que se tornou senhor sobre as forças naturais, sobre a sua selvageria e desenfreamento: os desejos possuem consequências, aprenderam a ser úteis.

O homem, em comparação com um pré-homem, representa um *quantum* de *poder* descomunal – não um *plus* de "felicidade": como é que se pode afirmar que ele *aspirava* à felicidade?

11 (112)

(357) O homem *mais elevado* distingue-se do homem *inferior* com vistas ao destemor e à exigência da infelicidade: trata-se

de um sinal de *retrocesso*, quando critérios de valor eudaimonistas começam a ser considerados como critérios supremos (– cansaço fisiológico, empobrecimento da vontade –). O cristianismo com sua perspectiva de "venturança" é um modo de pensar típico de um gênero humano sofredor e empobrecido: uma força plena quer criar, sofrer, sucumbir sofrendo: para ela, a ladainha cristã da salvação é música ruim e os gestos hieráticos um enfado

11 (113)

(358) *Para a psicologia e a doutrina do conhecimento.*

Fixo também a fenomenalidade do mundo *interior*: tudo aquilo *de que temos consciência* é primeiro inteiramente retificado, simplificado, esquematizado, interpretado – o processo *real* da "percepção" interna, a *unificação causal* entre pensamentos, ideias, desejos, assim como entre sujeito e objeto, nos é absolutamente velada – e talvez uma pura fantasia. Esse "mundo *interior* aparente" é tratado com as mesmas formas e procedimentos que o mundo "exterior". Nós nunca deparamos com "fatos": prazer e desprazer são fenômenos intelectuais tardios e derivados...

A "causalidade" nos escapa; supor um laço causal imediato entre pensamentos, tal como a lógica o faz – essa suposição é a consequência da observação mais tosca e grosseira de todas. Entre dois pensamentos, *todos os afetos possíveis* jogam o seu jogo: mas os movimentos são rápidos demais, por isso não os *compreendemos*, por isso os *negamos*...

O "pensar", tal como estabelecem os epistemólogos, é algo que não se dá absolutamente: trata-se de uma ficção totalmente arbitrária, alcançada pelo destaque de um elemento do processo e pela subtração de todos os outros, uma retificação artificial com a finalidade de tornar compreensível...

O "espírito", *algo que pensa*: possivelmente quiçá "o espírito absoluto, puro" – essa concepção é uma segunda consequência derivada da auto-observação falsa que acredita no "pensar": "o pensar" e, em *segundo lugar*, um sujeito-substrato imaginado no qual cada ato desse pensar e nada além disso possui sua origem: ou seja, *tanto a ação quanto o agente são fictícios.*

11 (114)

"querer" *não é* "desejar", aspirar, exigir; ele se distingue dessas noções por meio do *afeto de comando*

não há nenhum "*querer*", mas apenas um *querer-algo*: não é necessário destacar a meta do estado: tal como o fazem os epistemólogos. Como o "pensar", o "querer", tal como eles o compreendem, também não se dá: ele é uma pura ficção.

o fato de *algo ser comandado* pertence ao querer (: com isso não está dito naturalmente que a vontade é "efetuada"...)

Aquele *estado* geral de *tensão*, em virtude do qual uma força busca ser desencadeada – não é "vontade"

11 (115)

(359) Em um mundo que é essencialmente falso, a veracidade precisaria se mostrar como *uma tendência antinatural*: tal tendência só teria sentido como meio para uma *potência* particular *mais elevada de falsidade*: para que um mundo do verdadeiro, do ente, tenha podido ser imaginado, o homem veraz precisou ser primeiro criado (incluindo aí o fato de tal homem veraz se acreditar "veraz")

Simples, transparente, sem estar em contradição consigo mesmo, duradouro, permanecendo igual a si mesmo, sem dobras, voltas, cortinado, forma: um homem desse tipo concebe um mundo do ser como "*Deus*" segundo sua imagem.

Para que a veracidade seja possível, toda a esfera do homem precisa estar bem limpa, pequena e respeitável: a *vantagem* precisa estar em todos os sentidos do lado do veraz. – Mentira, perfídia, fingimento precisam causar espanto...

O ódio à mentira e ao fingimento por *orgulho*, por um conceito de honra irritável; mas também há tal ódio oriundo da covardia: porque a mentira é proibida. – Em *outro* tipo de homem, toda moralização própria ao "tu não deves mentir" não ajuda nada contra o instinto, que necessita constantemente da mentira: testemunho o *novo testamento*.

11 (116)

(360) Há aqueles que buscam lugares onde há algo imoral: quando eles julgam: "isto é injusto", acreditam que se precisa

acabar com isto e transformá-lo. Inversamente, ao tratar de uma coisa, não tenho paz em parte alguma enquanto não tenho clareza quanto à sua *imoralidade*. Se trago essa imoralidade à tona, então se produz uma vez mais meu equilíbrio.

11 (117)

Um espírito relaxado, para o qual a dança é o movimento mais natural, um espírito que adora tocar toda realidade com a ponta dos pés, odeia se entregar a coisas tristes.

11 (118)

(361) nós *hiperbóreos*

Minha conclusão é: que o homem *real* possui um valor muito mais elevado do que o homem "desejável" de algum ideal qualquer até aqui; que todas as "coisas desejáveis" em relação ao homem foram digressões absurdas e perigosas, com as quais um tipo particular de homem quis pendurar como lei *suas* condições de conservação e de crescimento sobre a humanidade; que todas as "coisas desejáveis" oriundas de tal origem que se tornaram até agora dominantes *reduziram* o valor do homem, sua força, sua certeza de futuro; que a mesquinhez e a intelectualidade angulosa do homem se expõem na maioria das vezes, quando ele *deseja*; que a capacidade do homem de instaurar valores foi muito pouco desenvolvida até aqui, para fazer jus ao *valor* fático, não apenas desejável, *do homem*; que o ideal até agora foi a força realmente amaldiçoadora do homem e do mundo, a fumaça tóxica sobre a realidade, a grande *sedução para o nada...*

11 (119)

(362) *Prefácio*

Eu descrevo o que virá: a ascensão do niilismo. Posso descrevê-la aqui, porque algo necessário está se dando aqui – os sinais desse acontecimento estão por toda parte, só continuam faltando os *olhos* para esses sinais. Não elogio, nem repreendo aqui o fato de que ele virá: creio que há uma grande *crise*, um instante da *mais profunda* automeditação do homem: é uma questão de sua força saber se ele se restabelecerá daí, se ele se tornará senhor dessa crise: é *possível*...

O homem moderno acredita experimentalmente ora nesse, ora naquele *valor* e o deixa, em seguida, cair: a esfera dos valores que sobreviveram e que tombaram fica cada vez mais cheia; o *vazio* e a *pobreza em termos valorativos* são cada vez mais sentidos; o movimento é impassível de ser detido – apesar de se buscar o adiamento em grande estilo –

Finalmente, ele ousa uma crítica dos valores em geral; ele *reconhece* a sua proveniência; ele reconhece o suficiente para não acreditar mais em valor algum; o *pathos* se faz presente, o novo horror...

O que narro é a história dos próximos 200 anos...

11 (120)

(363) Que tenha lugar entre o sujeito e o objeto uma espécie de relação adequada; que o objeto seja algo que se mostraria como o sujeito *visto de dentro*: essa é uma invenção benevolente que, como penso, teve o seu tempo. A medida daquilo que nos é consciente é totalmente dependente da tosca utilidade da conscientização: como é que essa perspectiva angulosa da consciência pode nos permitir construir de algum modo enunciados sobre "sujeito" e "objeto" enunciados com os quais a realidade seria tocada!

11 (121)

(364) Não se pode deduzir a mais baixa e mais originária atividade no protoplasma de uma vontade de autoconservação: pois ele recolhe em si de uma maneira insana muito mais do que a conservação condicionaria: e, antes de tudo, justamente com isso ele *não* "se conserva", mas se *decompõe*... O impulso que aqui vigora precisa explicar precisamente o *não*-querer-se-conservar: a "fome" é já uma nova interpretação, segundo organismos que não possuem o mesmo grau de complicação (– a fome é uma forma especializada e tardia do impulso, uma expressão da divisão do trabalho, a serviço de um impulso mais elevado que vigora sobre esse último impulso).

11 (122)

(365) – não é isso o que *nos* separa: o fato de não *reencontrarmos* nenhum Deus, nem na história, nem na natureza, nem por detrás da natureza – mas o fato de aquilo que foi venerado como um deus se mostrar para o nosso sentimento não como "divino", mas como uma deformidade sagrada, como movimento de manada, como uma ninharia absurda e deplorável, como princípio de difamação do mundo e do homem: em suma, o fato de negarmos Deus enquanto Deus. O ápice da mendacidade psicológica do homem está em extrair pelo cálculo a existência de um ser como início e como o "em-si", segundo o critério anguloso daquilo que se lhe apresenta como bom, sábio, poderoso, valoroso – e alijar aí *toda a causalidade*, em virtude da qual efetivamente subsiste uma bondade qualquer, uma sabedoria qualquer, um poder qualquer. Em suma, estabelecer elementos da mais tardia e mais condicionada proveniência não como tendo surgido, mas como sendo "em si", se possível até mesmo como causa de todo surgimento em geral. Se partirmos da experiência, de todo caso no qual um homem se elevou significativamente acima da medida do humano, então veremos que todo grau elevado de poder encerra em si a liberdade em relação ao "bem" e ao "mal", assim como em relação ao "verdadeiro" e ao "falso", não podendo levar em conta nada que queira a bondade: nós concebemos o mesmo uma vez mais para todo grau elevado de sabedoria – a bondade é suprimida nessa sabedoria tanto quanto a veracidade, a justiça, a virtude e outras veleidades populares da avaliação. Por fim, em relação a todo grau elevado da própria bondade: não é evidente que ele já pressupõe uma miopia e uma falta de refinamento intelectuais? Assim como distinguir a uma grande distância verdadeiro e falso, útil e nocivo? Para não falar do fato de que um grau mais elevado de poder nas mãos da bondade suprema implicaria as mais funestas consequências ("a supressão do mal")? – De fato, é preciso considerar atentamente que tendências o "Deus do amor" inspira em seus crentes: eles arruinam a humanidade em favor do "bem" – Na prática, em face da constituição real do mundo, o mesmo Deus se mostrou como o *Deus da mais extrema miopia, do mais*

extremo diabolismo e da mais extrema impotência: de onde se segue quanto valor a sua concepção possui.

O saber e a sabedoria não possuem em si nenhum valor; tampouco a bondade: ainda é preciso ter primeiro a meta a partir da qual essas propriedades obtêm valor ou se mostram como desprovidas de valor – *poderia haver um valor* a partir do qual um saber extremo representaria uma elevada falta de valor (por exemplo, se a ilusão extrema fosse uma das pressuposições para a elevação da vida; do mesmo modo, se a bondade, por exemplo, conseguisse paralisar e desencorajar as molas do grande desejo...

Dada nossa vida humana, tal como ela é, então toda "verdade", toda "bondade", toda "sacralidade", toda "divindade" no estilo cristão até agora se mostram como o grande perigo – a humanidade ainda continua correndo perigo de perecer por conta de uma idealidade hostil à vida.

11 (123)

(366) A ascensão do *niilismo*

O niilismo não é apenas uma consideração sobre o "em vão"!, nem apenas a crença em que tudo merece perecer: participa-se ativamente, *leva-se a pique*... Se quisermos, isso é *ilógico*: mas o niilista não acredita na necessidade de ser lógico... Trata-se do estado de espíritos e vontades fortes: e para tais espíritos e vontades não é possível ficar parado junto ao não do "juízo" – o *não da ação* emerge de sua natureza. A a-niquilação por meio do juízo auxilia a a-niquilação por meio da mão.

11 (124)

(367) Se estamos "desiludidos", não o estamos em relação à vida: mas estamos porque abrimos os olhos para todos os tipos de "desejabilidades". Nós consideramos com uma ira trocista aquilo que significa um "ideal": nós nos desprezamos por não podermos reprimir a qualquer momento essa emoção absurda, que se chama "idealismo". O *mimo* é mais forte do que a ira do *desiludido*...

11 (125)

(368) A completa minoridade dos moralistas, que exigem de nosso si próprio de muitas peles e velado que ele seja *simples*; alguns dizem "mostra-te como tu és": como se não se precisasse para tanto ser primeiro algo que *é*...

11 (126)

(369) IV. N.B. *A escolha dos iguais*, o extrato, o *isolamento*

11 (127)

(370) N.B. Contra a *justiça*... Contra J. Stuart Mill: eu me distancio de sua baixeza ao dizer que "o que é direito para um é bom para o outro; não faça a ninguém aquilo que tu não queres que façam contigo etc."; querer fundamentar todas as relações humanas na *reciprocidade da realização*, de modo que toda ação se mostra como uma espécie de pagamento por algo que nos cabe. Aqui, o *pressuposto* é *vil* no sentido mais baixo possível: pressupõe-se aqui a *equivalência dos valores das ações* em mim e em ti; aqui, o valor *pessoal* de uma ação é simplesmente anulado (aquilo que não pode ser compensado e pago por nada –). A "reciprocidade" é uma grande baixeza; o fato de aquilo que *eu* faço *não ter o direito* de ser feito *e não poder* ser feito por outro, o fato de não poder haver *nenhuma equiparação* – a não ser na esfera *maximamente seleta* dos "meus iguais", interpares –; o fato de, em um sentido mais profundo, nunca restituirmos nada, porque se *é* algo *único* e só se *faz algo único* – essa convicção fundamental contém a causa da *separação aristocrática em relação à multidão*, porque a multidão acredita em "igualdade" e, consequentemente, em compensação e "reciprocidade".

11 (128)

(371) É o *sentimento de parentesco* que une as crianças entre si: esse parentesco é mil vezes mais forte em termos psicológicos do que normalmente se supõe. Língua, hábitos, comunhão de interesses e destinos – tudo isso é pouco comparado com aquele *poder-se-compreender* com base no mesmo procedimento.

11 (129)

o *declínio do espírito alemão*, que está à altura do ufanismo e do nacionalismo –

11 (130)

Não se fala sobre veracidade com uma mulher: quando dizemos a uma mulher "mostra-te como tu és", essa expressão significa quase o contrário daquilo que ela significa enquanto uma requisição ao homem

11 (131)

– ele não foi queimado por sua crença, com pequenas varetas verdes: mas pelo fato de não possuir mais coragem alguma para a sua crença.

11 (132)

– um homem, como ele *deve* ser: isso nos soa tão insípido como "uma árvore tal como ela deve ser"

11 (133)

N.B. Reconhece-se a superioridade do homem grego, do homem do renascimento – mas gostar-se-ia de tê-los sem suas causas e condições: falta até hoje uma compreensão mais profunda dos gregos

11 (134)

"Coisas que possuem em si uma constituição" – uma representação dogmática, com a qual se precisa absolutamente quebrar

11 (135)

Para uma crítica das grandes palavras. Estou cheio de suspeita e maldade em relação àquilo que se denomina um "ideal": é aqui que se acha o *meu pessimismo*, em ter reconhecido como os "sentimentos mais elevados" são uma fonte de desgraça, isto é, de amesquinhamento e de degradação valorativa do homem.

– as pessoas sempre se enganam quando esperam o "progresso" de um ideal: a vitória do ideal sempre foi até aqui um *movimento retrógrado*.
– cristianismo, revolução, suspensão da escravidão, direitos iguais, filantropia, amor à paz, justiça, verdade: todas essas grandes palavras só possuem valor na luta, como estandartes: *não* como realidades, mas como *palavras pomposas* para designar algo completamente diferente (sim, oposto!)

11 (136)

Crítica às grandes palavras

"Liberdade" para a *vontade de poder*
"Justiça"
"Igualdade de direitos"
"Fraternidade"
"Verdade" (em sectos etc.)

11 (137)

A "crescente autonomia do indivíduo": esses filósofos parisienses falam sobre isso, filósofos como Fouillé: mas eles só deveriam considerar a *race moutonnière*,[26] que eles mesmos são!...

Abri os olhos, senhores sociólogos do futuro!

O "indivíduo" tornou-se forte sob condições *inversas*: vós descreveis o enfraquecimento e o estiolamento extremos do homem, vós os quereis e precisais para tanto de todo o aparato mendaz do antigo ideal! Vós sois *do tipo* que sente realmente as vossas necessidades de animal de rebanho como um *ideal*!

A falta completa de honradez psicológica!

11 (138)

(372) *A proveniência do ideal*. Investigação do solo, sobre o qual ele cresce.

A. Partir dos estados "estéticos", nos quais o mundo é *visto* de maneira mais plena, mais esférica, *mais perfeita* –

26 **N.T.:** Em francês no original: raça de imitadores.

o ideal *pagão*: aí a autoafirmação predominante desde Buffo
– o tipo supremo: o ideal *clássico* – como expressão da boa constituição de *todos* os instintos principais
– aí uma vez mais o estilo supremo: *o grande estilo* como expressão da própria "vontade de poder" (o instinto mais temido *ousa se declarar*)
– *renuncia-se* –

B. Partir de estados nos quais o mundo é *visto* como mais vazio, mais esvaecido, mais diluído, nos quais a "espiritualização" e o caráter não sensível assumem a posição daquilo que é perfeito; nos quais o brutal, o diretamente animal, o imediato são maximamente evitados: o "sábio", "o anjo" (sacerdotal = virgem = ignorante) – caracterização psicológica de tais "idealistas"...
– *subtrai-se, escolhe-se*

C. Partir de estados nos quais sentimos o mundo como mais absurdo, como pior, como mais pobre e mais ilusório do que seria permitido para que supuséssemos ou desejássemos que ele contivesse o ideal: a projeção do ideal para o interior do elemento antinatural, antifactual, alógico. O estado daquele que julga assim (– o "empobrecimento" do mundo como consequência do sofrimento: toma-se, não se *dá mais* –)
: *o ideal antinatural*
– *nega-se, aniquila-se* –

(*O ideal cristão* é um *construto intermediário* entre o segundo e o terceiro, ora preponderantemente com esta, ora com aquela figura)

os três ideais

A. Ou uma *intensificação* (pagã)
B. ou uma *diluição* (anêmica) | da vida
C. ou uma *renegação*

a "divinização" sentida na mais elevada plenitude
na mais delicada escolha
na destruição e desprezo pela vida.

11 (139)

O grau de tensão, de resistência, de perigo, de desconfiança legítima; o grau no qual vidas humanas são sacrificadas, no qual a probabilidade do insucesso é grande e, apesar disso, ousamos correr o risco: –

11 (140)

Os *ideais do animal de rebanho* – culminando agora como a *suprema avaliação da "sociedade"*: tentativa de lhe dar um valor cósmico, sim, metafísico

defendo contra ela o *aristocratismo*.

Uma sociedade que preserva em si aquela *consideração* e aquela *delicadeza* em relação à verdade precisa se sentir como exceção e ter em relação a si mesma um poder contra o qual ela se levanta, contra o qual ela é hostil e para o qual ela olha de cima

– quanto mais direitos eu concedo e quanto mais eu me equiparo, tanto mais recaio sob o domínio do mediano, por fim, sob o domínio dos mais numerosos

– o pressuposto que uma sociedade aristocrática possui em si, para manter o mais elevado grau de liberdade entre os seus membros, é a tensão extrema que emerge da presença do *impulso* oposto junto a todos esses membros: da presença da vontade de domínio...

11 (141)

se vós quereis eliminar as fortes oposições e a diversidade de *status*, então suprimi o amor forte, a atitude elevada, o sentimento do ser-por-si.

11 (142)

Para a *psicologia* real da sociedade da liberdade e da igualdade:

O que está diminuindo? A vontade da *responsabilidade por si* – sinais do declínio da autonomia

a *capacidade* de se defender e de se armar, mesmo no que há de mais espiritual – a força de comandar
o sentido da *veneração*, da subordinação, do poder-silenciar.
a *grande paixão*, a grande tarefa, a tragédia, a serenidade

11 (143)

Capítulo:
Crítica das grandes palavras.
Da proveniência dos ideais.

o ideal do animal de rebanho	Como se faz com que a virtude domine
	A circe dos filósofos
o ideal ascético	O ideal religioso.
	Fisiologia do ideal I. II. III
o ideal dos senhores	O ideal político.
	"ciência"
o ideal da espiritualidade	

III o ideal do animal de rebanho
III o ideal dos senhores
I o ideal da antinatureza
II o ideal da espiritualidade
I o ideal pagão
III o ideal do eremita (estoa etc.)
II o ideal da sensorialização

Tábua:
Da proveniência do ideal

A. o ideal do animal de rebanho
o ideal do animal senhorial
o ideal do animal eremita

B. o ideal pagão
o ideal da antinatureza
C. o ideal da sensorialização
o ideal da espiritualização
o ideal do afeto dominante

Crítica das grandes palavras

Verdade
Justiça
Amor
Paz
Virtude
Liberdade
Bondade
Honradez
Gênio
Sabedoria

11 (144)

Pascal: le pire mal est celui, qu'on fait par bonne intention.[27]

11 (145)

Papel da "consciência"

É importante que não nos confundamos quanto ao papel da "consciência": foi a nossa *relação com o "mundo exterior" que a desenvolveu*. Em contrapartida, a *direção* ou a proteção e o cuidado em relação à composição das funções corporais *não* nos são conscientes; assim como o *armazenamento* espiritual: não se deve duvidar de que há uma instância suprema para tanto: uma espécie de comitê diretor no qual os diversos *desejos principais* fazem valer sua voz e seu poder. "Prazer" e "desprazer" são acenos vindos dessa esfera:... assim como o *ato volitivo*. Assim como as *ideias*

27 **N.T.:** Em francês no original: o pior mal é aquele que cometemos por boa intenção.

Em suma: aquilo que se torna consciente encontra-se sob relações causais que nos são totalmente veladas – a sequência de pensamentos, sentimentos, ideias na consciência não expressa nada sobre o fato de essa sequência ser uma sequência causal: mas as coisas são *aparentemente* assim, em um grau maximamente elevado. *Nessa aparência fundamos toda a nossa representação de espírito, razão, lógica* etc. (nada disso existe: trata-se de sínteses e unidades fictícias)... e essas sínteses e unidades são uma vez mais projetadas *nas* coisas, *por detrás* das coisas!

Habitualmente se considera a própria *consciência* como um sensório conjunto e uma instância suprema: apesar de ela ser apenas um *meio da comunicabilidade*: ela é desenvolvida no trânsito e com vistas aos interesses do trânsito... "Trânsito" também compreendido aqui a partir dos efeitos do mundo exterior e das nossas reações necessárias; assim como a partir de nossos efeitos *sobre* o que se encontra fora. A consciência *não* é a direção, mas um *órgão da direção* –

11 (146)

Os meios, em virtude dos quais um tipo mais forte se conserva.

Conceder-se um direito a ações de exceção; como tentativa de autossuperação e de liberdade

Dirigir-se para situações nas quais não é permitido *não* ser bárbaro

Criar para si um excesso de poder e uma certeza por meio de todo tipo de ascese com vistas à sua força de vontade

Não se comunicar; o silêncio; a cautela diante da gentileza.

Aprender a obedecer, de tal modo que se coloque automanutenção à prova. Casuística do ponto de honra refinada ao extremo.

Nunca concluir que "o que é direito para um é bom para o outro" – mas o inverso!

Tratar a desforra, o *poder* restituir como um privilégio, adimiti-lo como distinção –

Não ambicionar a virtude dos *outros*.

11 (147)

Teoria do *impulso sexual*: "os 'homúnculos' que desejam entrar na existência unificam sua exigência de vida em uma exigência por um *coletivo* que a consciência nota e toma como a sua *própria* necessidade" –

Palavras de Renan *Hartley* Fouillée, p. 217.

11 (148)

Está chegando o momento em que teremos de *pagar* por termos sido *cristãos* por 2.500 anos: nós estamos perdendo o *fiel da balança (o peso pesado)*[28] que nos permitia viver – não sabemos há algum tempo de onde saímos, nem aonde estamos entrando. Nós caímos de repente em avaliações *opostas*, com a mesma medida de energia, com a qual fomos cristãos – como a qual vivemos o excesso absurdo da ...... cristã – – –

1) a "alma imortal"; o valor eterno da "pessoa" –
2) a solução, a direção, a valoração no "além" –
3) o valor moral como valor supremo, a "salvação da alma" como interesse cardinal
4) "pecado", "terreno", "carne", "desejos" – estigmatizados como "mundo"

Agora, tudo se mostra como inteiramente falso, como "palavra", como confuso, fraco ou exagerado

28 **N.T.:** Essa é uma passagem de difícil tradução. Em verdade, Nietzsche vale-se aqui de um termo que funciona como título de um aforismo central de *A gaia ciência*: o termo *Schwergewicht*. Traduzido ao pé da letra, o termo significa o peso pesado. No aforismo 341 de *A gaia ciência*, intitulado *das grösste Schwergewicht*, ele se refere ao peso esmagador do pensamento do eterno retorno do mesmo e ao papel transformador que esse peso pode desempenhar. No que concerne a esse papel transformador, um sentido básico da palavra alemã é decisivo. *Schwergewicht* é o fiel da balança, o peso que funciona como medida para a pesagem de todos os outros pesos. Na passagem acima, esse sentido é nitidamente visado por Nietzsche. No entanto, para não perder a ligação com o aforismo 341 de *A gaia ciência*, inseri entre parênteses uma tradução literal do termo.

a) tenta-se uma espécie de *solução terrena*, mas no mesmo sentido do *triunfo final* da verdade, do amor, da justiça: o socialismo: "igualdade entre as pessoas"
b) tenta-se do mesmo modo fixar o *ideal moral* (com o primado do não egoísmo, da autonegação, da negação da vontade)
c) tenta-se fixar mesmo o "além": ainda que apenas como um x antilógico: mas ele é imediatamente revestido de tal forma que é possível retirar dele um consolo metafísico de estilo antigo
d) tenta-se extrair do acontecimento a *direção divina de estilo antigo*, a ordem das coisas que se mostra como gratificante, punitiva, educativa e que conduz ao que é *melhor*
e) continua-se acreditando como antes em bem e mal: de modo que se sente como *tarefa* a vitória do bem e a aniquilação do mal (– isto é inglês, um caso típico da falta da cabeça chata de John Stuart Mill)
f) o desprezo da "naturalidade", dos desejos, do ego: a tentativa de compreender a espiritualidade suprema e a arte como consequências de uma despersonalização e como *désintéressement*
g) permite-se à Igreja continuar se imiscuindo em todas as vivências essenciais e em todos os pontos principais da vida particular, a fim de dar-lhes consagração, *um sentido mais elevado*: nós também temos um "estado cristão", o "casamento" cristão –

11 (149)

O niilismo perfeito

seus sintomas: o grande *desprezo*
a grande *compaixão*
a grande *destruição*

seu ponto de culminação: *uma doutrina* que mobiliza precisamente a vida, o nojo, a compaixão e o prazer na destruição, que os ensina como *absolutos* e *eternos*

11 (150)

Para a história do niilismo europeu

O período da falta de clareza, das tentativas de todos os tipos de conservar o antigo e não deixar seguir o novo.

O período da clareza: *compreende*-se que o antigo e o novo constituem oposições fundamentais: os antigos valores nasceram da vida declinante, os novos da vida ascendente – <que> o conhecimento da natureza e a história não nos permitem mais tais "esperanças" – que *todos os antigos ideais* são ideais hostis à vida (nascidos da *décadence* e determinantes para a *décadence*, por mais que no suntuoso adorno de domingo da moral) – nós *compreendemos* o antigo, mas estamos longe de sermos fortes o suficiente para algo novo.

O período dos três grandes afetos

do desprezo
da compaixão
da destruição

O período da catástrofe

a ascensão de uma doutrina que *seleciona* os homens...
que impele os fracos a resoluções, assim como os fortes

11 (151)

Intelecção que *falta* aos "espíritos livres": a mesma *disciplina*, que fortalece mesmo uma natureza forte e a capacita para grandes empreendimentos, *destroça e estiola os medianos*.

: a dúvida
: *la largeur <de coeur>*
: o experimento
: a interdependência.

11 (152)

meu "*futuro*"

a formação robusta de um politécnico

serviço militar: de modo que medianamente todo homem das classes mais elevadas é oficial, não importa o que ele faça além disso

11 (153)

Os perversos e os libertinos: sua influência depressiva sobre o *valor dos desejos*. É a horrível barbárie dos hábitos que, principalmente na Idade Média, impele a um verdadeiro "laço da virtude" – ao lado de excessos igualmente horríveis quanto ao que constitui o *valor* do homem. A "*civilização*" combativa (*domesticação*) necessita de todo tipo de ferro e tortura, para se manter contra a fertilidade e a natureza de animal de rapina.

Há aqui uma confusão completamente natural, apesar de essa confusão trazer consigo a mais terrível consequência: aquilo que *homens do poder e da vontade* podem exigir de si também confere uma medida para aquilo que eles podem conceder a si mesmos. Tais naturezas são o oposto dos perversos e libertinos: apesar de, em certas circunstâncias, eles fazerem coisas em função das quais um homem inferior teria comprovada a culpalidade por seu vício e por sua desmedida.

Aqui, o conceito de "*equivalência* dos homens *perante Deus*" é extremamente nocivo: interditam-se ações e atitudes que, em si, pertencem às prerrogativas dos que se mostram como fortes – como se elas fossem em si indignas do homem. Difamou-se toda a tendência do homem forte, na medida em que se apresentaram os meios de proteção dos mais fracos (dos mais fracos mesmo em relação a si mesmos) como norma valorativa.

A confusão chega a tal ponto que se estigmatizaram precisamente as grandes *virtuoses* da vida (cuja autocracia representa a mais aguda oposição em relação aos perversos e "libertinos") com os nomes mais ignominiosos. Ainda hoje se acredita que é preciso censurar um César Bórgia: isso é ridículo. A Igreja baniu imperadores alemães com base em seus vícios: como se um monje ou um padre pudessem ter voz na discussão daquilo que um Frederico II tem o direito de exigir de si. Um Don Juan é mandado para o inferno: isso é muito ingênuo. Já se notou que não há no céu nenhum homem interessante?... Apenas um aceno para a mocinha no melhor lugar para eles encontrarem a salvação... Se pensarmos o que é um "grande homem" de maneira um pouco consequente e, além disso, com um entendimento mais profundo, então não restará a menor dúvida de que a Igreja precisa mandar para o inferno todos os "grandes homens" – ela luta contra todos os "grandes homens"...

11 (154)

O "*conceito de honra*": repousando na crença na "boa sociedade", nas principais qualidades cavalheirescas, no compromisso de se representar constantemente. Em essência: o fato de não se levar a sério sua vida; o fato de se obedecer incondicionadamente às maneiras mais respeitosas, por parte de todos aqueles com os quais se entra em contato (ao menos até o ponto em que eles não "*nos*" pertencem); o fato de não se ser nem familiar, nem benevolente, nem engraçado, nem modesto, a não ser interpares; o fato *de sempre se representar a si mesmo*...

11 (155)

N<ovo> T<estamento>

A guerra contra os nobres e os poderosos, tal como ela é conduzida no Novo Testamento, é uma guerra como aquela da *raposa* e com os mesmos meios: só que com a unção sacerdotal e com a recusa decidida, a fim de saber de sua própria esperteza.

11 (156)

Fala-se da "profunda injustiça" do pacto social: como se o fato de uns terem nascido em padrões favoráveis e outros em padrões desfavoráveis fosse uma injustiça; ou mesmo o fato de uns terem nascido com estas propriedades e outros com aquelas... Precisamos combater isso incondicionadamente. O falso conceito de "indivíduo" conduz a esse absurdo. Isolar de um homem as circunstâncias a partir das quais ele cresce, *in*serindo-o meramente aí ou deixando-o tombar por assim dizer como uma "mônada anímica", é uma consequência da mísera metafísica das almas. Ninguém lhe *deu* propriedades, nem *Deus* nem seus pais; ninguém é responsável pelo fato de que ele *é*, de que ele é de tal e tal modo, de que ele se encontra sob tais circunstâncias... O fio da vida, que ele agora representa, não pode ser destacado de tudo aquilo que foi e precisa ser: na medida em que ele não é o resultado de uma longa intenção, de absolutamente nenhuma vontade de um "ideal de homem", de um "ideal de felicidade" ou de um "ideal de moralidade", é absurdo querer se "insurgir" e se "lançar" em direção a algum lugar: como se houvesse em algum lugar uma *responsabilidade*.

A *revolta* dos "sofredores" contra

Deus
Sociedade
Natureza
Antepassados
Educação etc.

imagina *responsabilidades* e *formas da vontade* que simplesmente não há. Não se deve falar de uma *injustiça* em casos nos quais não estão de maneira alguma presentes as *condições prévias* para a *justiça* e a *injustiça*. O fato de *uma* alma ser – ou *dever* ser – em si igual a *todas* as almas é o pior tipo possível de exaltação otimista. O inverso é o desejável, a máxima *dissemelhança* possível e, consequentemente, atrito, luta, contradição: e o desejável é, felizmente, o *real*!

11 (157)

A intenção de estabelecer *direitos iguais* e, finalmente, *necessidades iguais*, uma consequência quase inevitável de nosso tipo de civilização da ação e da equivalência política dos votos, traz consigo a exclusão e a lenta extinção dos homens superiores, dos homens mais perigosos, mais estranhos e, em suma, *mais novos*: interrompe-se por assim dizer a *experimentação* e se alcança certo estado de inércia.

11 (158)

O pessimismo da revolta (ao invés do pessimismo da indignação)

11 (159)

Do "*grande nojo*": *em parte* sofrendo dele, *em parte* gerando-o por si mesmo.

A literatura erótica católica e nervosa

A literatura do pessimismo da França / Flaubert. Zola. Goncourt. Baudelaire.

Os *dîners chez* Magny.[29]

Da "*grande compaixão*"

Tolstoi, Dostoiévski

Parsifal

11 (160)

A verdadeira civilização consiste, segundo Baudelaire, *dans la diminuition du péché originel.*[30] B<audelaire>

11 (161)

Le français est un animal de basse-cour si bien domestiqué, qu'il n'ose franchir aucune palissade. B<audelaire>[31]

C'est un animal de race latine: l'ordure ne lui déplaît pas, dans son domicile, et, en littérature, il est scatophage. Il raffole des excréments... B<audelaire>[32]

11 (162)

Tartufo. Não uma comédia, mas um panfleto. Um ateu, se ele for por acaso um homem de boa educação, pensará, em relação a essa peça, que não se devem oferecer certas questões difíceis à canalha. B<audelaire>

---

29 **N.T.:** Em francês no original: os jantares no restaurante de Magny. Trata-se de um restaurante pariense famoso por abrigar vários literatos no final do século XIX.

30 **N.T.:** Em françês no original: a diminuição do pecado original.

31 **N.T.:** Em francês no original: O francês é um animal adestrado tão bem domesticado que não ousa pular nenhuma cerca.

32 **N.T.:** Em francês no original: Trata-se de um animal de raça latina: a sujeira não o desagrada, em sua casa, e, em termos de literatura, ele é escatófago. Ele adora excrementos.

11 (163)

Em relação a Petrônio, Baudelaire fala de *ses terrifiantes impuretés, ses bouffoneries attristantes*[33]

Absurdo: mas sintomático...

11 (164)

genus irritabile vatum[34]

11 (165)

Como Trimalquion, que limpa suas mãos nos cabelos de seus escravos...

11 (166)

Livres vécus, poèmes vécus.[35]

11 (167)

Byron: falastrão. *Mais en revanche, ces sublimes défauts, qui font le grand poète: la mélancholie, toujours inséparable du sentiment du beau, et une personnalité ardente, diabolique, un esprit salamandrin.*[36]

11 (168)

"*...il n'y a de grand parmi les hommes que le poète, le prêtre et le soldat: l'homme qui chante, l'homme qui bénit, l'homme qui sacrifie et se sacrifie. Le reste n'est fait que pour fouet...*"[37]

---

33 **N.T.:** Em francês no original: suas terríveis impurezas, suas bufonadas entristecedoras.

34 **N.T.:** Em latim no original: o gênero irritável dos poetas.

35 **N.T.:** Em francês no original: Livros vividos, poemas vividos.

36 **N.T.:** Em francês no original: Mas, em contrapartida, temos esses defeitos sublimes que fazem o grande poeta: a melancolia, sempre inseparável do sentimento do belo, e uma personalidade ardente, diabólica, um espírito salamandrino.

37 **N.T.:** Em francês no original: não há nada de grande entre os homens senão o poeta, o padre e o soldado: o homem que canta, o homem que abençoa e o homem que sacrifica e se sacrifica. O resto não serve senão para o chicote...

11 (169)

"*Il n'y a de gouvernement raisonnable et assuré que l'aristocratique. Monarchie ou république, basées sur la démocratie, sont également absurdes et faibles.*"[38]

11 (170)

"*avant tout être un grand homme et un saint pour soi même.*"[39]

11 (171)

"*Dieu est le seul être qui, pour régner, n'a même pas besoin d'exister.*"[40]

11 (172)

Para a teoria da "entrega"...

L'amour, c'est le goût de la prostitution. Il n'est même pas de plaisir noble, qui ne puisse être ramené à la prostitution. L'être le plus prostitué, c'est l'être par excellence, c'est Dieu. Dans un spectacle, dans un bal chacun jouit de tous. Qu'est-ce que l'art ? Prostitution

L'amour peut dériver d'un sentiment généreux: le goût de la prostitution. Mais il est bientôt corrumpu par le goût de la propriété.[41]

---

38 **N.T.:** Em francês no original: Não há nenhum governo racional e seguro senão o governo aristocrático. Monarquia ou república, baseadas na democracia, são igualmente absurdas e fracas.

39 **N.T.:** Em francês no original: antes de tudo ser um grande homem e um santo para si mesmo.

40 **N.T.:** Em francês no original: Deus é o único ser que, para reinar, não há nem mesmo necessidade de existir.

41 **N.T.:** Em francês no original: O amor é o gosto da prostituição. Não há nem mesmo prazer nobre que não possa ser reduzido à prostituição. O ser mais prostituído é o ser por excelência: Deus. Em um espetáculo, em um baile, cada um goza de todos. O que é a arte? Prostituição / O amor pode se derivar de um sentimento generoso: o gosto pela prostituição. Mas ele é cedo corrompido pelo gosto da propriedade.

11 (173)

De la féminéité de l'église comme raison de son omnipuissance.[42]

11 (174)

O fato de o amor equivaler à tortura ou a uma operação cirúrgica. O fato de um dos dois ser sempre o carrasco ou o operador.

Perguntou-se na presença de Baudelaire: em que consiste o maior prazer do amor? Um respondeu: no receber; outro: no dar-se. O segundo disse: volúpia do orgulho, o primeiro: volúpia da humildade (*volupté d'humilité*). Todos esses homens sórdidos falavam como a *imitatio Cristi*. Por fim, apareceu um utopista descarado, que afirmou que o grande prazer do amor consistiria em formar cidadãos para a terra pátria.

Moi, je dis: la volupté unique et suprême de l'amour gît dans la certitude de faire le mal. Et l'homme et la femme savent, de naissance, que dans le mal se trouve toute volupté.[43]

11 (175)

Nós amamos as mulheres pelo fato de elas nos serem estranhas. *Aimer les femmes intelligentes est un plaisir de pédéraste.*[44]

11 (176)

A magreza é mais crua, mais indecente do que a gordura.

11 (177)

L'enthousiasme qui s'applique à autre chose que les abstractions est un signe de faiblasse et de maladie.[45]

---

42 **N.T.:** Em francês no original: Da feminilidade da Igreja como razão de sua onipotência.

43 **N.T.:** Em francês no original: Eu digo: a única e suprema volúpia do amor reside na certeza de fazer o mal. E o homem e a mulher sabem, de nascença, que no mal se encontra toda volúpia.

44 **N.T.:** Em francês no original: Amar mulheres inteligentes é um prazer de pederasta.

45 **N.T.:** Em francês no original: O entusiasmo que se aplica a outra coisa que não as abstrações é um sinal de fraqueza e de doença.

11 (178)

A oração. *Connais donc les jouissances d'une vie âpre et prie, prie sans cesse. La prière est réservoir de force.*[46]

11 (179)

Os povos fazem tudo para não terem nenhum grande homem. Para existir, portanto, o grande homem precisa ter em mãos uma força que é maior do que a força de resistência que é desenvolvida por milhões de indivíduos.

11 (180)

No que diz respeito ao sono, *aventure sinistre de tous les soirs*,[47] pode-se dizer: os homens adormecem com uma ousadia que seria incompreensível, se não soubéssemos que ela provém da ignorância do perigo.

11 (181)

Esses navios grandes e belos, oscilando sem serem notados sobre a água calma, esses fortes meios de transporte, com um gesto enfadado e falando de saudade, não nos dizem em uma linguagem muda: "quando partimos *pour le bonheur*?".[48]

11 (182)

En politique, le vrai saint est celui, qui fouette et tue le peuple, pour le bien du peuple.[49]

11 (183)

O belo, tal como Baudelaire o compreende (*e* Richard Wagner –). Algo ardente e triste, um pouco inseguro, dando espaço para a suposição.

---

46 **N.T.:** Em francês no original: Conhece, então, as alegrias de uma vida rude e reza, reza incessantemente. A oração é um reservatório de força.

47 **N.T.:** Em francês no original: aventura sinistra de todas as noites.

48 **N.T.:** Em francês no original: para a felicidade.

49 **N.T.:** Em francês no original: Em política, o verdadeiro santo é aquele que flagela e mata o povo, para o bem do povo.

11 (184)

une tête séduisante et belle, une tête de femme, c'est une tête qui fait rêver à la fois, mais d'une manière confuse, de volupté et de tristesse; qui comporte une idée contraire, c'est-à-dire une ardeur, un désir de vivre, associés avec une amertume refluante, comme venant de privation ou de désespérance. Le mystère, le regret sont aussi des caractères du Beau.[50]

11 (185)

Uma bela cabeça de homem não precisa (a não ser talvez aos olhos de uma mulher) conter essa ideia da volúpia que, em um rosto de mulher, se mostra como uma provocação tanto mais atraente quanto mais melancólico é esse rosto. Mas mesmo essa cabeça terá algo ardente e triste, oriundo de necessidades espirituais, de ambições, que são mantidas obscuras, a ideia de um poder que no fundo *gronde*[51] e não possui nenhuma aplicação, por vezes a ideia *d'une insensibilité vengeresse*,[52] por vezes – no caso mais interessante – o segredo e, por fim, *le malheur*.[53]

11 (186)

Auto-idolâtrie. Harmonia poética do caráter. Euritmia do caráter e das capacidades. Conservar todas as capacidades. Fazer crescer todas as capacidades. Um *culto*.

11 (187)

O que encanta na mulher e *constitui a beleza*.

---

50 **N.T.:** Em francês no original: um rosto sedutor e belo, um rosto de mulher, é um rosto que nos faz ao mesmo tempo sonhar, mas de uma maneira confusa, por volúpia e por tristeza; que comporta uma ideia de melancolia, de lassidão, mesmo de saciedade – ou uma ideia contrária, ou seja, um ardor, um desejo de viver, associados com um amargor refluente, como vindo da privação ou do desespero. O mistério, o arrependimento também são características do belo.

51 **N.T.:** Em francês no original: cresce.

52 **N.T.:** Em francês no original: uma insensibilidade vingativa.

53 **N.T.:** Em francês no original: a infelicidade.

L'air blasé, l'air ennuyé, l'air évaporé, l'air impudent, l'air froid, l'air de regarder en dedans, l'air de domination, l'air de volonté, l'air méchant, l'air malade, l'air chat, enfantillage, non-chalance et malice mêlées.[54]

11 (188)

Nos países protestantes faltam duas coisas que são indispensáveis para a felicidade de um homem bem educado, *la galanterie et la dévotion.*[55]

11 (189)

O elemento embriagante no mau gosto: *desagradar* o prazer aristocrático.

11 (190)

O estoicismo, que só possui um sacramento: o suicídio...

11 (191)

La femme est naturelle, c'est-à-dire abominable. Aussi est-elle toujours vulgaire, c'est-à-dire le contraire du dandy.[56]

11 (192)

Il y a dans tout changement quelque chose d'infâme et d'agréable à la fois, quelque chose, qui tient de l'infidélité et du déménagement.[57]

---

54 **N.T.:** Em francês no original: O ar *blasé*, o ar entediado, o ar evaporado, o ar impudente, o ar frio, o ar de olhar para dentro, o ar de dominação, o ar de votade, o ar cruel, o ar doente, o ar de gato, infantilismo, mistura de indolência e malícia.

55 **N.T.:** Em francês no original: a galanteria e a devoção.

56 **N.T.:** Em francês no original: A mulher é natural, ou seja, abominável. Ela também é sempre vulgar, ou seja, o contrário do dândi.

57 **N.T.:** Em francês no original: Há em toda mudança algo de infâmia e de agradável ao mesmo tempo, algo que sabe à infidelidade e ao deslocamento.

11 (193)

Il y a de gens, qui ne peuvent s'amuser qu'en troupe. Le vrai héros s'amuse tout seul.[58]

11 (194)

Precisa-se trabalhar, se não por gosto, ao menos por desespero, uma vez que, tudo bem pesado, trabalhar é menos entediante do que se divertir.

11 (195)

Quando ainda era bem criança, experimentei dois sentimentos contraditórios em meu coração: *l'horreur de la vie et l'extase de la vie. C'est bien le fait d'un paresseux nerveux.*[59]

11 (196)

Baudelaire diz de si mesmo: "De Maistre e Edgar Poe me ensinaram a raciocionar."

11 (197)

A pena de morte, resultado de uma ideia mística, que é hoje totalmente inconcebível. A pena de morte não tem por meta *sauver*[60] a sociedade, *matériellement*:[61] ela quer *sauver espirituellement*[62] a sociedade e o culpado. Para que a vítima seja perfeita, é preciso que haja concordância e alegria por sua parte. Dar cloroforme a um condenado à morte seria uma heresia: pois isso subtrairia *sa grandeur comme victime*[63] e as chances de conquistar o paraíso.

---

58 **N.T.:** Em francês no original: Há pessoas que não se divertem senão em bando. O verdadeiro herói se diverte completamente sozinho.

59 **N.T.:** Em francês no original: O horror da vida e o êxtase da vida. Trata-se efetivamente de uma preguiça nervosa.

60 **N.T.:** Em francês no original: salvar.

61 **N.T.:** Em francês no original: materialmente.

62 **N.T.:** Em francês no original: salvar espiritualmente.

63 **N.T.:** Em francês no original: sua grandeza como vítima.

No que diz respeito à tortura, ela provém da *partie infâme du coeur de l'homme*,[64] que tem sede de volúpia. *Cruauté et volupté*,[65] sensações idênticas, como o calor extremo e o frio extremo.

11 (198)

Ce qu'il y a de vil *dans une function quelconque.*

Un dandy ne fait rien. Vous figurez-vous un dandy parlant au peuple, excepté par le bafouer?[66]

Só há três seres respeitáveis: padres, guerreiros, poetas. *Savoir, tuer et créer.*[67]

Os outros homens são *taillables ou corvéables, faits pour l'écurie, c'est-à-dire pour exercer ce qu'on appelle des professions.*[68]

11 (199)

La femme Sand foi uma moralista.

- *elle a le fameux* style coulant, *cher aux bourgeois.*
- *elle est la bête, elle est lourde, elle est bavarde.*[69] Nas coisas relativas à moral a mesma profundidade do juízo, a mesma delicadeza do sentimento, que os *concierges et les filles entretenues.*[70]
- uma velha ingênua que não quer largar o osso
- ela se convenceu a *se fier à son* bon coeur *et à son* bon sens[71] e convenceu outras *grandes bêtes* a fazer o mesmo.

---

64 **N.T.:** Em francês no original: da parte infame do coração do homem.

65 **N.T.:** Em francês no original: Crueldade e volúpia.

66 **N.T.:** Em francês no original: O que há de *vil* em uma função qualquer. / Um dândi não faz nada. Vós sois capazes de imaginar um dândi falando ao povo, exposto ao ridículo?

67 **N.T.:** Em francês no original: Saber, matar e criar.

68 **N.T.:** Em francês no original: que podem se ver obrigados a pagar a talha e a realizar a corveia, feitos para o curral, ou seja, para exercer aquilo que denominamos profissões.

69 **N.T.:** Em francês no original: ela possui o famoso *estilo corrente*, caro aos burgueses. / ela é estulta, pesada, tagarela.

70 **N.T.:** Em francês no original: os porteiros e as moças entretidas.

71 **N.T.:** Em francês no original: seu bom coração e seu bom-senso.

– não posso pensar nessa *stupide créature*[72] sem um frêmito de horror.

11 (200)

Entedio-me na França, porque todo mundo quer ser aí igual a Voltaire. *Voltaire ou Antipoète* (esqueci-me de Emerson), *le roi de badauds, le principe des superficiels, l'antiartiste, le prédicateur des concierges.*[73]

11 (201)

O escárnio de Voltaire sobre a alma imortal que, durante nove meses, reside entre excrementos e urina. Baudelaire descobre nessa localização "*une malice ou une satire de la Providence contre l'amour et, dans le mode de la génération, un signe du péché originel. De fait, nous ne pouvons faire l'amour qu'avec des organes excrémentiels*".[74]

11 (202)

Desinfecção do amor por meio da Igreja: o casamento.

11 (203)

Dandismo. Que é o homem superior? Ele não é nenhum especialista. *C'est l'homme de loisir et d'éducation générale. Être riche et aimer le travail.*[75]

11 (204)

Isso é entediante no amor: ele é um crime, no qual não se pode evitar ter um cúmplice.

---

72 **N.T.:** Em francês no original: estúpida criatura.

73 **N.T.:** Em francês no original: Voltaire ou antipoeta, o rei dos basbaques, o príncipe dos superficiais, o antiartista, o pregador dos porteiros.

74 **N.T.:** Em francês no original: uma malícia ou uma sátira da providência contra o amor e, sob o modo da geração, um signo do pecado original. De fato, nós não podemos fazer amor senão com os órgãos excremenciais.

75 **N.T.:** Em francês no original: É o homem do ócio e da educação geral. Ser rico e amar o trabalho.

11 (205)

Si tu étais jesuite et révolutionnaire, comme tout vrai politique doit l'être ou l'est fatalement...[76]

11 (206)

Os ditadores são *les domestiques du peuple,*[77] nada mais; e a fama é o resultado da adaptação – *l'adaptation d'un esprit à la sottise nationale*[78] –

11 (207)

Que é o amor? Uma necessidade de sair de si.

O homem é un animal *adorateur. Adorer c'est se sacrifier et se prostituer. Aussi tout amour est-il prostitution.*

L'indestructible, éternelle, universell et ingénieuse férocité humaine.[79] Amor ao sangue, *l'ivresse du sang, l'ivresse des foules.*[80]

11 (208)

N.B. *Défions-nous du peuple, du bon sens, du cœur, de l'inspiration et de l'évidence.*[81]

Como se pode deixar as mulheres entrarem na igreja? Que tipo de conversa elas poderiam ter com Deus?

L'éternelle Vénus (caprice, hystérie, fantaisie) est une des formes séduisantes du diable.[82]

---

76 **N.T.:** Em francês no original: Se tu fosses jesuíta e revolucionário como todo verdadeiro político deve ser e é fatalmente...

77 **N.T.:** Em francês no original: os criados do povo.

78 **N.T.:** Em francês no original: a adaptação de um espírito à tolice nacional.

79 **N.T.:** Em francês no original: um animal adorador. Adorar é se sacrificar e se prostituir. Todo amor também é prostituição. / A ferocidade humana indestrutível, eterna, universal e engenhosa.

80 **N.T.:** Em francês no original: febre do sangue, febre dos loucos.

81 **N.T.:** Em francês no original: Desconfiemos do povo, do bom-senso, do coração, da inspiração e da evidência.

82 **N.T.:** Em francês no original: A Vênus eterna (capricho, histeria, fantasia) é uma das formas sedutoras do diabo.

11 (209)

No amor, *l'entente cordiale*[83] é o resultado de uma incompreensão. *Ce malentendue c'est le* plaisir.[84] O fosso permanece sem ser ultrapassado.

11 (210)

"*Soyons médiocres!*[85]" Saint-Marc Girardin, por um ódio apaixonado contra *le sublime.*

11 (211)

Não se devem atribuir aos príncipes regentes os méritos e os vícios do povo, que se encontra sob seu domínio. Esses méritos e esses vícios pertencem quase sempre à atmosfera do governo *precedente.*

Luís XIV herda o povo de Luís XIII: *gloire.*[86]

Napoleão herda o povo da república: *gloire.*

Napoleão herda o povo de Luís Filipe: *déshonneur.*[87]

11 (212)

Gosto inesgotável *de la prostitution* no coração do homem: daí seu *horreur*[88] diante da *solidão. – Il veut être* deux.[89]

O gênio (*l'homme de génie*) *veut être* un, *donc solitaire.*

La gloire, c'est rester un, *et se prostituer d'une manière particulière.*[90]

83 **N.T.:** Em francês no original: o entendimento cordial.

84 **N.T.:** Em francês no original: Esse mal-entendido é o prazer.

85 **N.T.:** Em francês no original: Sejamos medíocres.

86 **N.T.:** Em francês no original: glória.

87 **N.T.:** Em francês no original: desonra.

88 **N.T.:** Em francês no original: da prostituição / horror.

89 **N.T.:** Em francês no original: Ele quer ser dois.

90 **N.T.:** Em francês no original: (o homem de gênio) quer ser *um*, portanto solitário. / A glória é permanecer *um* e se prostituir de uma maneira particular.

11 (213)

C'est cette horreur de la solitude, le besoin d'oublier son moi *dans la chair extérieure, que l'homme appelle noblement* besoin *d'aimer.*[91]

11 (214)

De la nécessité de battre les femmes.[92]

11 (215)

O comércio é, segundo sua essência, satânico. *Le commerce, c'est le prêté-rendu, c'est le prêt avec le sous-entendu: Rends-moi plus que je ne te* donne.[93]

– O espírito de todo comerciante é completamente *vicié.*[94].

– *Le commerce est naturel,* donc il est infâme.[95]

– O menos infame dentre todos os comerciantes é aquele que diz: sejamos virtuosos, a fim de ganharmos muito mais dinheiro do que os tolos que são viciosos. Para o comerciante, a própria honestidade é uma especulação com vistas ao lucro.

– *Le commerce est satanique, parce qu'il est une des formes de l'égoisme*[96] –

11 (216)

Não é senão por meio de incompreensões que o mundo todo se encontra em ressonância. Se as pessoas, infelizmente, se entendessem, então elas nunca se compreenderiam.

---

91 **N.T.:** Em francês no original: É esse horror pela solidão, a necessidade de se esquecer de seu *si próprio* na carne exterior, que o homem denomina de maneira nobre a *necessidade* de amar.

92 **N.T.:** Em francês no original: Sobre a necessidade de bater nas mulheres.

93 **N.T.:** Em francês no original: O comércio é a justa represália, é o empréstimo com o subentendido: devolva-me mais do que eu te dou.

94 **N.T.:** Em francês no original: viciado.

95 **N.T.:** Em francês no original: O comércio é natural, *logo ele é infame.*

96 **N.T.:** Em francês no original: O comércio é satânico, porque ele é uma das formas do egoísmo.

Um homem de espírito, ou seja, aquele que nunca se entenderá com alguém, precisa fazer um esforço para gostar de conversar com homens tolos e de ler livros ruins. Ele retirará daí um prazer amargo, que o compensará amplamente pelas fadigas.

11 (217)

Um funcionário, um ministro – podem ser pessoas apreciáveis: *mais ils ne sont jamais divins.*[97] Pessoas sem personalidade, seres sem originalidade, nascidos para a função, ou seja, *pour la domesticité publique.*[98]

11 (218)

Todo jornal fornece os sinais da mais terrível perversidade humana: *un tissu d'horreurs.*[99] Com este *dégoûtant apéritif,*[100] o homem civilizado toma o café da manhã. *Tout, en ce monde, sue le crime: le journal, la muraille et le visage de l'homme.*[101] Como é que uma mão pura pode tocar um jornal sem uma convulsão de nojo?

11 (219)

Sans la charité, je ne suis qu'une cymbale retentissante.[102]

11 (220)

Mes humiliations ont été des grâces de Dieu.[103]

11 (221)

Je n'ai pas encore connu le plaisir d'un plan réalisé.[104]

---

97 **N.T.:** Em francês no original: mas eles nunca são divinos.

98 **N.T.:** Em francês no original: para a domesticidade pública.

99 **N.T.:** Em francês no original: um tecido de horrores.

100 **N.T.:** Em francês no original: aperitivo enojante.

101 **N.T.:** Em francês no original: Tudo neste mundo tem o sabor do crime: o jornal, a muralha e o rosto do homem.

102 **N.T.:** Em francês no original: Sem a caridade, eu não sou senão um címbalo retumbante.

103 **N.T.:** Em francês no original: Minhas humilhações foram as graças de Deus.

104 **N.T.:** Em francês no original: Ainda não conheci o prazer de um plano realizado.

11 (222)

Tout recul de la volonté est une parcelle de substance perdue.[105]

11 (223)

Como B<audelaire> que sentiu um dia *le vent de l'aile de l'imbécilité*[106] roçando a sua pele.

11 (224)

Pour guérir de tout, de la misère, de la maladie et de la mélancolie, il ne manque absolument que le goût du travail.[107]

11 (225)

"*Ridentem ferient ruinae*" escrito em seu retrato.

11 (226)

1.

Ainda é bem recente a ideia por demais obscura e arbitrária de que a humanidade possui uma tarefa conjunta, de que ela vai como um todo ao encontro de uma meta qualquer. Talvez cheguemos a nos livrar dela, antes de ela se tornar uma "ideia fixa"... Ela não é nenhuma totalidade, esta humanidade: ela é uma pluralidade indissolúvel de processos vitais ascendentes e descendentes – ela não possui uma juventude, em seguida uma maturidade e, por fim, uma velhice. Em verdade, as camadas se acham misturadas umas sobre as outras – e pode continuar havendo em alguns milênios tipos mais jovens de homens do que podemos apresentar hoje. A *décadence*, por outro lado, pertence a todas as épocas da humanidade: por toda parte, há matéria-prima para a expelição e

105 **N.T.:** Em francês no original: Todo recuo da vontade é uma parcela de substância perdida.

106 **N.T.:** Em francês no original: o vento da vela da imbecilidade.

107 **N.T.:** Em francês no original: Para se curar de tudo, da miséria, da doença e da melancolia, não é absolutamente necessário senão o *gosto pelo trabalho*.

para o declínio; trata-se de um processo vital mesmo, a exclusão das formas de decadência e lixo.

2.

Sob a força do preconceito cristão, *não havia de maneira alguma esta questão*: o sentido residia na salvação da alma singular; a maior ou menor duração da humanidade não era considerada. Os melhores cristãos desejavam que tudo chegasse ao fim o mais rápido possível: – *não havia a menor dúvida* quanto ao que era necessário para o singular. A tarefa colocava-se agora para todo singular, como em um futuro qualquer para um homem do futuro: o valor, o sentido, a esfera dos valores era fixa, incondicionada, eterna, idêntica a Deus... Tudo aquilo que se desviava desse tipo eterno era pecaminoso, diabólico, condenado...

Para toda alma, o peso mais pesado (o fiel da balança) do valor residia em si mesmo: salvação ou condenação! A salvação da alma *eterna*! A mais extrema forma da *mesmização*... Para todas as almas havia apenas um aperfeiçoamento; apenas um ideal; apenas um caminho para a redenção... A mais extrema forma da *igualdade de direitos*, articulada com uma ampliação otimista da própria importância até o disparate... Almas importantes de uma maneira completamente absurda, girando em torno de si mesmas com um medo horrível...

3.

Pois bem, nenhum homem acredita mais nessa presunção absurda: e nós filtramos a nossa sabedoria por meio de uma lente de desprezo. Apesar disso, permanece inabalado o *hábito ótico* de buscar um valor do homem a partir da aproximação a um *homem ideal*: mantêm-se no fundo tanto a *perspectiva da mesmização* quanto a *igualdade de direitos* ante o ideal. *Em suma*: *acredita-se saber* o que, com vistas ao homem ideal, é a *derradeira desejabilidade*...

Essa crença, porém, é apenas a consequência de um *hábito corruptor* descomunal produzido pelo ideal cristão: um ideal que, sempre que se coloca cautelosamente à prova o "tipo ideal", é imediatamente subtraído uma vez mais. Acredita-se, *em primeiro lugar*, que a aproximação em relação a um tipo é desejável; *em segundo*, acredita-se que se sabe qual o modo de ser desse tipo; em terceiro, que todo desvio em relação a esse tipo é um retrocesso, um bloqueio, uma perda de força e de poder... sonhar situações, nas quais esse *homem perfeito* tem para si a maioria numérica gigantesca: mesmo os nossos socialistas, mesmo os senhores utilitaristas não conseguiram levar esse sonho a um ponto mais elevado. – Com isso, parece se inserir uma *meta* no desenvolvimento da humanidade: em todo caso, a crença em um *progresso rumo ao ideal* é a única forma na qual uma espécie de *meta* é pensada hoje na história da humanidade. Em suma: transpôs-se a chegada do "*reino de Deus*" para o futuro, para a Terra, para o elemento humano – mas se manteve no fundo a crença no *antigo* ideal...

11 (227)

Para compreender:

O fato de toda decadência e de todo adoecimento terem incessantemente colaborado com os juízos de valor conjuntos: o fato de nos juízos de valor que se tornaram dominantes a *décadence* ter se tornado até mesmo preponderante: o fato de nós não termos de lutar apenas contra *os* estados derivados de toda a miséria atual em termos de degeneração, mas o fato de *toda* a *décadence* até aqui ter permanecido devedora, isto é, *viva*. Tal errância conjunta da humanidade em relação aos seus instintos fundamentais, tal *décadence* conjunta do juízo de valor é o ponto de interrogação *par excellence*, o enigma propriamente dito, que o animal "homem" apresenta ao filósofo –

11 (228)

Os tipos principais de pessimismo, o pessimismo da *sensibilidade* (a sobrexcitação com uma preponderância dos sentimentos de desprazer)

O pessimismo da "*vontade cativa*" (dito de outro modo: a falta de forças bloqueadoras dos estímulos)

O pessimismo da *dúvida* (: o pudor ante tudo aquilo que é firme, ante todo pegar e tocar)

Os estados psicológicos pertinentes podem ser todos conjuntamente observados em manicômios, ainda que com certo exagero. O mesmo acontece com o "niilismo" (o sentimento perfurante do "nada")

Mas onde pertence, porém, o pessimismo moral de Pascal?

o *pessimismo metafísico* da filosofia vedanta?

o *pessimismo social* do anarquista (ou de Shelley)?

o pessimismo *compassivo* (como o de Tolstoi, Alfred de Vigny)?

– todos esses não são igualmente fenômenos característicos da decadência e do adoecimento?... Dar uma importância excessiva aos valores morais, às ficções do "além", aos estados sociais de emergência ou aos *sofrimentos* em geral: todo e qualquer *exagero* como esse de um ponto de vista *particular* já é em si um sinal de adoecimento. O mesmo se dá com a preponderância do *não* em relação ao *sim*!

O que não pode ser confundido aqui: o prazer em dizer e em fazer não oriundo de uma força e de uma tensão descomunais do dizer sim – peculiar a todos os homens e épocas ricos e poderosos. Por assim dizer, um luxo: do mesmo modo, uma forma da coragem que se contrapõe ao medonho; uma simpatia pelo terrível e pelo questionável, porque se é, entre outras coisas, terrível e questionável: o *dionisíaco* na vontade, no espírito, no gosto.

11 (229)

Leopardi se queixa, tem razões para se queixar: com isso, porém, ele não pertence ao tipo perfeito do niilismo.

11 (230)

J'écris pour une dizaine d'âmes que je ne verrai peut-être jamais, mais que j'adore sans les avoir vues.[108] Stendhal.

108 **N.T.:** Em francês no original: Eu escrevo para uma dezena de almas que talvez nunca venha a ver, mas que adoro sem tê-las visto.

11 (231)

1844 c. Baudelaire dependente de Saint Beuve (Joseph *Delorme*) diz... Saint Beuve diz para ele: "*Vous dites vrai, ma poésie se rattache à la vôtre. J'avais goûté du même fruit amer, plein de cendres, au fond.*"[109]

11 (232)

Baudelaire: ("Volupté" l'histoire d'Amaury)
et devant le miroir, j'ai perfectionné
l'art cruel, qu'un démon, en naissant, m'a donné,
– de la douleur pour faire une volupté vraie –
d'ensenglater son mal et de gratter sa plaie.[110]

11 (233)

Concevoir un canevas pour une bouffonerie lyrique – et traduire cela en un roman sérieux. Noyer le tout dans une atmosphère anormale et songeuse, – dans l'atmosphère des grands jours – *Que ce soit quelque chose de berçant et même de serein dans la passion. – Régions de la* poésie pure.[111] –

11 (234)

O desenvolvimento ulterior da humanidade segundo a representação de Baudelaire. Não que estivéssemos nos aproximando uma vez mais do estado selvagem, por exemplo, ao modo da *désordre bouffon*[112] das repúblicas sul-americanas, nas quais,

109 **N.T.**: Em francês no original: Vós dizeis a verdade, minha poesia se liga à vossa. Provei do mesmo fruto amargo, cheio de cinzas, no fundo.

110 **N.T.**: Em francês no original: Baudelaire: (*"volúpia" a história de Amaury*) / e diante do espelho, eu aperfeiçoei / a arte cruel, que um demônio, ao nascer, me deu, / – da dor para fazer uma volúpia verdadeira – / de ensanguentar seu mal e raspar sua ferida.

111 **N.T.**: Em francês no original: Conceber um esboço para uma bufonaria lírica – e traduzi-la em um romance sério. Mergulhar tudo em uma atmosfera anormal e sonhadora – na atmosfera dos *grandes dias* – que haja algo de acalentador e sereno na paixão. – Regiões da *poesia pura*.

112 **N.T.**: Em francês no original: a desordem cômica.

armas na mão, se procura comida entre as ruínas de nossa civilização. Isso ainda pressuporia certa energia vital. A mecânica nos americanizará de tal modo que o progresso atrofiará em tal medida a parte espiritualizada em nós, que toda a insanidade, que foi sonhada pelos socialistas, ficará aquém da realidade positiva. Nenhuma religião, nenhuma propriedade; mesmo nenhuma revolução mais. Não é nas instituições políticas que se mostrará a ruína geral (*ou le progrès universel*:[113] os nomes importam pouco). Será que preciso dizer que o pouco de política que resta *se débattra péniblement dans les étreintes de l'animalité générale*,[114] e que os governantes políticos serão obrigados, para se manter e para criar um fantasma de ordem, a se refugir em meios *qui feraient frissoner notre humanité actuelle*, pourtant si endurcie![115] (Arrancando os cabelos) Então, o filho fugirá da família, com 12 anos, *émancipé par sa précocité gloutonne*,[116] a fim de se enriquecer, a fim de fazer concorrência ao seu pai infame, *fondateur et actionnaire d'un journal*,[117] a luz se difunde etc. – Então, mesmo as prostituas terão uma sabedoria implacável, *qui condamne tout, fors l'argent, tout, même* les erreurs des sens![118] Então, tudo aquilo que a virtude significa para nós será considerado enormemente ridículo – tudo aquilo que não é *ardeur vers Plutus*.[119] A justiça é vedada a cidadãos que não sabem produzir a sua felicidade etc. – *avilissement*[120] –

No que me diz respeito, a mim que sinto por vezes a presença do caráter ridículo de um profeta, sei que nunca encontrarei

---

113 **N.T.:** Em francês no original: o progresso universal.

114 **N.T.:** Em francês no original: se debaterá penosamente nos enlaces da animalidade geral.

115 **N.T.:** Em francês no original: que fariam tremer a nossa humanidade atual, *no entanto, tão endurecida*.

116 **N.T.:** Em francês no original: emancipado por seu caráter precoce glutão.

117 **N.T.:** Em francês no original: fundador e acionista de um jornal.

118 **N.T.:** Em francês no original: que condena tudo, afora o dinheiro, tudo, *mesmo os erros dos sentidos*.

119 **N.T.:** Em francês no original: ardor em direção a Plutão.

120 **N.T.:** Em francês no original: envilecimento.

aí *la charité d'un médecin.*[121] Perdido neste mundo deplorável, *coudoyé par les foules,*[122] sou como um homem cansado, que, olhando para trás, não vê nada, senão *désabusement et amertume*[123] em anos longos e profundos e que tem diante de si uma tempestade na qual não há nada de novo, nem aprendizado nem dor. *Le soir, où cet homme a volé à la destinée quelques hores de plaisir* – a noite, na qual esse homem roubou uma hora de prazer ao destino –, *bercé dans sa digestion, oublieux autant que possible du passé, content du présent et résigné à l'avenir, enivré de son sang-froid et de son dandysme, fier de n'être pas aussi bas, que ceux qui passent, il se dit, en contemplant la fumée de son cigare: "Que m'importe, où vont ces consciences?"*[124]

11 (235)

Um pouco de ar puro! Este estado absurdo da Europa não pode durar mais! Há algum pensamento por detrás dessa vaca chifruda do nacionalismo? Que valor poderia ter, agora em que tudo aponta para interesses maiores e conjuntos, incitar esse orgulho malcriado?... E isso se autodenomina "estado cristão"! E na proximidade da mais suprema crise a canalha dos capelões da corte!... E o "novo império", fundado uma vez mais sobre a ideia mais gasta e mais desprezível do mundo, a igualdade dos direitos e dos votos...

E isso em uma situação na qual a *ausência de autonomia espiritual* e a desnacionalização saltam aos olhos e consistem em um mútuo amalgamar-se e frutificar-se dos valores propriamente ditos e do sentido da cultura atual!

A unificação econômica da Europa acontece necessariamente – do mesmo modo, como reação, os *partidos de paz*...

---

121 **N.T.:** Em francês no original: a caridade de um médico.

122 **N.T.:** Em francês no original: acotovelado pelos loucos.

123 **N.T.:** Em francês no original: desengano e amargura.

124 **N.T.:** Em francês no original: embalado em sua digestão, esquecido tanto quanto possível do passado, contente com o presente e resignado em relação ao futuro, embriagado com seu sangue frio e com seu dandismo, confiante de não ser tão baixo quanto aqueles que passam, ele se diz, contemplando a fumaça de seu cigarro: "que me importa para onde vão essas consciências?"

A luta por um primado no interior de um estado que não serve para nada: essa cultura das grandes cidades, dos jornais, da febre e da "ausência de metas".

11 (236)

Um partido de *paz*, sem sentimentalidade, que proíbe a si e a seus filhos de realizar guerras; que proíbe que se sirva de tribunais; que provoca a luta, a contradição, a perseguição contra si; um partido dos oprimidos, ao menos por um tempo; logo o maior de todos os partidos. Opositor em relação aos *sentimentos de vingança e* aos *sentimentos nostálgicos*.

Um *partido de guerra*, com o mesmo caráter principial e com o mesmo rigor, procedendo em relação a si mesmo na direção contrária.

11 (237)

Budismo e cristianismo: luta com o *ressentimento*.

11 (238)

Supressão da "pena". O "equilíbrio" no lugar de todos os meios da violência.

11 (239)

O cristianismo originário é a *abolição do Estado*:
Ele proíbe o juramento
o serviço militar
os tribunais
a autodefesa e a defesa de qualquer totalidade
a diferença entre companheiros de povo e estrangeiros; assim como a ordem de *classes*.

O *modelo do Cristo*: ele não sente repugnância por aqueles que lhe fazem mal (ele proíbe a defesa); ele não se defende; ele faz mais do que isso: "ele oferece a outra face" (à questão "tu és o Cristo?" ele responde "e a partir de agora vós vereis etc.")

– ele proíbe que seus discípulos o defendam; ele chama a atenção para o fato de que ele poderia ter ajuda, mas não o *quer*.

– o cristianismo também é a *abolição da sociedade*: ele privilegia tudo aquilo que é repudiado por ela, ele cresce a partir dos mal-afamados e condenados, dos excluídos de todo tipo; ele cresce a partir dos "pecadores", dos "alfandegários" e prostitutas, do povo mais estúpido possível (dos "pescadores"); ele desdenha os ricos, os eruditos, os nobres, os virtuosos, os "corretos"...

11 (240)

Sobre o problema *psicológico* do *cristianismo*

A força impulsionadora continua sendo: o ressentimento, o levante popular, o levante daqueles que desvalidos

(com o budismo as coisas são diversas: ele não *nasceu* de um movimento do *ressentimento*. Ele combate o mesmo, porque ele impele à *ação*)

esse partido de paz compreende que *a realização da renúncia à hostilidade em pensamentos e ato* é uma condição de diferenciação e conservação

: aí está a dificuldade psicológica, que impediu que se entendesse o cristianismo.

O impulso que ele *criou* impõe um combate a si mesmo –

É só como *partido da paz e da inocência* que esse movimento insurrecto possui uma possibilidade de sucesso: ele precisa vencer por meio da ternura extrema, da doçura, da mansidão, seu instinto compreende isto –

Artifício: negar, condenar o impulso que se é, expor constantemente a contraparte desse impulso por meio da ação e da palavra –

11 (241)

Um direito à existência, ao trabalho, à felicidade!!!

11 (242)

Un doux rêve du "charmant docteur"[125] – Renan

---

125 **N.T.:** Em francês no original: O doce sonho do "charmoso doutor".

11 (243)

Os cristãos nunca praticaram as ações que lhes foram prescritas por Jesus: e o falatório descarado sobre a "fé" e sobre a "justificação por meio da fé", assim como sua significação suprema e única, é apenas a consequência do fato de a Igreja não ter tido nem a coragem nem a vontade de se entregar às *obras* que Jesus exigia.

11 (244)

O budista age de maneira diversa do não budista; o *cristão age como todo mundo* e possui um cristianismo das cerimônias e dos *afetos* –

11 (245)

A profunda e desprezível mendacidade do cristianismo na Europa: nós merecemos realmente o desprezo dos árabes, dos hindus e dos chineses... Escutam-se os discursos do primeiro estadista alemão sobre aquilo que vem ocupando propriamente a Europa agora há 40 anos... escuta-se a linguagem do tartufo capelão da corte.

11 (246)

– não resistir "ao mal"...

Mas, se não acreditamos em bem e mal, o que isso significa, afinal?

11 (247)

– o antigo direito, que resiste ao mal e paga o mal com o mal, e o novo, que não paga, que não se defende

11 (248)

– Só melhora, *quando se paga tudo o que há de ruim com algo bom* – e não faz mais nenhuma diferença da pessoa

11 (249)

Jesus nega Igreja, Estado, sociedade, arte, ciência, cultura, civilização

Todos os sábios negaram do mesmo modo em seu tempo o valor da cultura e da organização estatal. –

Platão, Buda,

11 (250)

Precisamos destruir esse templo e construí-lo novamente em três dias.

11 (251)

Não fui cristão nem mesmo um único segundo de minha vida: considero tudo o que vi como cristianismo como *uma ambiguidade desprezível das palavras*, uma verdadeira *covardia* em relação a todos os poderes que se mostram de outro modo como dominantes...

Cristãos que falam do serviço militar universal obrigatório, do direito parlamentar ao voto, da cultura do jornal e, em meio a tudo isso, do "pecado", da "redenção", do "além" morte na cruz –: como é que se pode suportar viver em uma tal economia suja!

11 (252)

Vós todos não tendes a coragem de matar um homem ou mesmo apenas de chicoteá-lo ou mesmo apenas – mas a loucura descomunal no Estado se apodera do singular, de modo que ele *rejeita* a responsabilidade por aquilo que ele faz (obediência, compromisso etc.)

– Tudo o que um homem *faz* a serviço do Estado vai contra a sua natureza...
– do mesmo modo, tudo o que ele *aprende* com vistas ao futuro serviço no Estado vai contra a sua natureza

Isso é alcançado por meio da *divisão do trabalho*: de modo que ninguém possui mais toda a responsabilidade.

: o legislador e aquele que aplica a lei

: o mestre da disciplina e aquele que se tornou duro e rigoroso na disciplina

O Estado como a *violentação organizada*...

11 (253)

O fato de Jesus ter dito algo, tão obscuro e místico que precisa da fé, mesmo que se possa apenas tomá-lo por verdadeiro:

11 (254)

"o que é *elevado* entre os homens é um horror diante de Deus".

11 (255)

O estado intelectual da Europa: nosso *barbarismo*

o disparate desprezível e mesquinho de uma continuação do particular: um ponto de vista, para além do qual se encontram os hindus, os judeus e os chineses

a fé em Deus

11 (256)

A entrada na vida *verdadeira* –

– *salva-se a sua vida pessoal da morte, na medida em que se vive a vida universal* –

11 (257)

– a *Igreja* é exatamente aquilo contra o que Jesus pregou – e o que ele ensinou seus discípulos a combater.

11 (258)

– a *reciprocidade*, a intenção velada de querer ser pago: uma das formas mais insidiosas de rebaixamento do homem. Isso traz consigo aquela "igualdade" que avalia o fosso da distância como *imoral*...

11 (259)

– não se tem direito algum, nem à existência, nem ao trabalho, nem à "felicidade": as coisas não se comportam em relação ao homem singular de maneira diversa do que em relação ao verme mais inferior.

11 (260)

– "o que fazer para acreditar?" – uma questão absurda.

11 (261)

O que falta no cristianismo é a observação de tudo aquilo que o Cristo mandou *fazer*.

Ele é a vida mesquinha, mas interpretada com um olho do desprezo

11 (262)

Deus criou o homem feliz, ocioso, inocente e imortal: nossa vida real é uma existência falsa, decaída, pecaminosa, uma existência de punição... O sofrimento, a luta, o trabalho, a morte são avaliadas como objeções e pontos de interrogação em relação à vida, como algo não natural, algo que não deve durar; algo contra o que se precisa de remédios – e contra o que se os *tem*!...

11 (263)

A humanidade acha-se desde Adão até hoje em um estado anormal: Deus mesmo ofereceu seu filho pela culpa de Adão, para pôr um fim a esse estado: o caráter natural da vida é uma *maldição*; Cristo devolve àquele que acredita nele o estado normal: ele o torna feliz, ocioso e inocente. – Mas a terra não começou a se tornar frutífera sem trabalho; as mulheres não dão a luz às crianças sem dor, a doença não cessou: os mais crentes acham-se nesse ponto tão mal quanto os mais descrentes. Com a única diferença de que a Igreja afirmou tanto mais determinadamente que o homem se livraria com isso da *morte* e do *pecado*, afirmações que não admitem nenhum controle. "Ele está livre do pecado" – não por meio de sua ação, não por meio de uma luta rigorosa conduzida por sua parte. Ao contrário, *compra-se a sua liberdade por meio do ato da redenção* – consequentemente de maneira perfeita, inocente, paradisíaca...

A vida *verdadeira* é apenas uma crença (isto é, uma autoilusão, uma loucura). Toda a existência real, combativa, guerreira, cheia de brilho e trevas é apenas uma existência ruim, falsa: a tarefa é ser *redimido* dela.

11 (264)

A religião *falsificou* a concepção da vida: a ciência e a filosofia nunca se fizeram senão servas dessa doutrina...

Quer se acredite ou não em Cristo ou em Adão: concorda-se que a vida seria apenas uma *ilusão*, nada verdadeiro, real –

11 (265)

A vida é ruim: mas não depende de nós torná-la melhor. A transformação parte das leis que se acham fora de nós. – O determinismo da ciência e a crença no ato da redenção encontram-se aí no mesmo solo.

O mesmo vale para o fato de eles concederem ao homem um *direito à felicidade*; o fato de eles condenarem com esses critérios a vida atual –

11 (266)

Todos perguntam: "por que a vida não é tal como desejamos e *quando* ela o será?"

11 (267)

N.B. "o homem, inocente, ocioso, imortal, feliz" – é essa concepção da "mais elevada desejabilidade" que precisa ser antes de tudo criticada.

Por que a culpa, o trabalho, a morte, o sofrimento (*e*, falando em termos cristãos, o *conhecimento*...) são *contrários* à mais elevada desejabilidade?

Os pérfidos conceitos cristãos "venturança" "inocência", "imortalidade" – – –

11 (268)

A "paz dos homens entre si": como o mais elevado bem pensável: o reino de Deus

11 (269)

estai em paz com todo mundo, não considereis ninguém como se fosse um nada ou como se fosse insano! Se a paz for ferida, fazei de tudo para reproduzi-la. A veneração de Deus acha-se totalmente na eliminação da inimizade entre os homens. Reconciliai-vos junto à menor discussão, a fim de não perder a paz interior que é a *vida verdadeira*. O que turva sobretudo a paz? Por um lado, os desejos sexuais: contra isso a monogamia e, em verdade, indissolúvel. A segunda tentação é o juramento: ele coloca o homem em pecado: não faça a ninguém em circunstância alguma um juramento, para que tu não tenhas nenhum senhor sobre ti além de Deus. A terceira tentação é a vingança, que se chama justiça: suportai as intempéries e não retribuís o mal com o mal! A quarta tentação é a distinção entre os concidadãos e os estrangeiros; não quebrais com ninguém a paz com base em vossa nacionalidade e origem!

A prática desses cinco comandos produz o estado ao qual aspira o coração humano: todos irmãos entre si, cada um em paz com todos os outros, cada um desfrutando dos bens da terra até o seu fim...

Luc. IV, 18

"o ano agradável do senhor" – as palavras gentis que saíam de sua boca –

11 (270)

O homem não tem direito a nada, ele tem compromissos com as boas ações que ele recebeu: ele não pode contar com ninguém. Mesmo que ele desse sua vida, não devolveria tudo o que recebeu: por isso, seu Senhor não pode ser injusto para com ele. Mas, se o homem faz valer o seu direito à vida, se ele conta com o princípio de tudo, de onde ele tem a vida, ele só demonstra uma coisa – ele não compreende o *sentido* da vida. Os homens, depois de terem recebido uma boa ação, ainda *exigem* outra coisa. Os trabalhadores da parábola achavam-se em uma situação ociosa, infeliz: o Senhor deu-lhes a mais elevada felicidade da vida – o trabalho. Eles acolheram a boa ação e continuaram insatisfeitos. Eles chegaram com a sua falsa teoria sobre o direito ao trabalho, consequentemente com um *pagamento* pelo trabalho. Eles não compreendem que receberam o mais elevado bem de graça, que eles têm de se mostrar reconhecidos por isso – e *não* exigir um pagamento. Mateus XX, 1 Luc. 17, 5, 10.

A doutrina consiste na renúncia à vida pessoal: e vós exigis a fama pessoal – um pagamento pessoal... No mundo, há fama e pagamento pessoal; vós, meus discípulos, deveis saber que o verdadeiro sentido da vida não se acha na felicidade pessoal, mas no fato de se servir a todos e de se rebaixar diante de todos. O Cristo não lhes aconselha a acreditar: ele lhes ensina a verdadeira distinção entre bem e mal, importante e secundário...

Pedro não entende a doutrina: por isso a sua falta de crença. *O pagamento proporcional ao trabalho* só tem uma importância com vistas à vida pessoal. A crença no pagamento pelo trabalho, em proporção ao trabalho, é uma consequência da teoria da *vida pessoal*...

11 (271)

A fé não pode vir da confiança em suas palavras: ela só pode vir da *compreensão de nossa situação*. Não se pode criá-la por meio da promessa de recompensa e de punição – a fé "remove montanhas" só pode se fundar na consciência de nosso naufrágio inevitável, se não aceitarmos a salvação que ainda se acha aberta para nós... – a vida *conforme a vontade do senhor* –

11 (272)

Mateus 21, 18

– mas quando ele pela manhã foi uma vez mais à cidade, ele sentia fome. E ele viu uma figueira no caminho, foi para lá e não encontrou nada além de folhas. Assim, ele falou para a figueira: que a partir de agora não nasça nunca mais nenhum fruto de ti. E a figueira secou imediatamente. E como os discípulos viram o que tinha acontecido, eles se espantaram e falaram: como é que a figueira secou tão rápido? –

11 (273)

Os cinco mandamentos: não vos zangais; não cometeis adultério; não prestais nenhum juramento; não vos defendeis por meio da força; não entrais em guerra: vós podeis, por um instante, falhar em relação a esses mandamentos como vós falhais em relação aos artigos do código civil e do código mundano. No entanto, em momentos de paz, vós não fareis então o que fazeis agora: vós não *organizareis* uma existência que torne tão difícil a tarefa de não se zangar, de não cometer adultério, de não jurar, de não se defender com violência, de não entrar em guerra. *Organizai-vos antes uma existência que tornaria difícil fazer isto!*

11 (274)

Para esta vossa vida atual – diz T<olstoi> aos descrentes, aos filósofos – *vous n'avez actuellement aucune règle, sauf celles, qui sont rédigées par des hommes qui vous n'estimez pas et mises en vigueur par la police. La doctrine de Jésus vous donne ces règles, qui, assurément, sont d'accord avec votre loi, parce que votre loi de "l'altruisme" ou de la volonté unique n'est pas autre chose qu'une mauvaise paraphrase de cette même doctrine de Jésus.*

Tolstoi, ma religion.[126] Moscou, 22 de janeiro de 1884.

11 (275)

Nenhum Deus morreu por nossos pecados; não há nenhuma redenção pela fé; nenhuma ressurreição depois da morte – todas essas coisas são falsificações do próprio cristianismo, pelas quais se precisa responsabilizar aquele ser incuravelmente obtuso;

A *vida modelar* consiste no amor e na humildade; na plenitude do coração, que também não exclui os seres mais baixos; na recusa formal ao querer ter razão, à defesa, à vitória no sentido do triunfo pessoal; ela consiste na fé na bem-aventurança aqui, na terra, apesar da miséria, da adversidade e da morte; na reconciabilidade, na ausência da ira, do desprezo; não querer ser re-

---

126 **N.T.:** Em francês no original: vós não possuís atualmente nenhuma regra, a não ser aquelas que são redigidas por homens que vós não apreciais e postas em vigor pela polícia. A doutrina de Jesus vos dá essas regras que, certamente, estão de acordo com a vossa lei, porque vossa lei do "altruísmo" ou da vontade única não é outra coisa senão uma paráfrase ruim dessa mesma doutrina de Jesus. / Tolstoi, minha religião.

compensado; não ter se vinculado a ninguém; ela implica a mais intensa ausência de senhores eclesiástico-espirituais; uma vida muito orgulhosa sob a vontade da vida pobre e serviçal.

Depois de a Igreja ter se apossado de *toda a prática cristã* e sancionado de maneira totalmente própria a vida no Estado, aquele tipo de vida que Jesus tinha combatido e condenado, ela precisou transpor o *sentido* do cristianismo para outro lugar qualquer: para a *crença* em coisas que não são dignas de serem acreditadas, para o cerimonial da oração, do louvor, festa etc. Os conceitos de "pecado", "perdão", "castigo", "recompensa" – todos completamente insignificantes e quase *excluídos* do primeiro cristianismo ganham *agora* o primeiro plano.

Uma mistura horrível de filosofia grega e judaísmo: o ascetismo; o julgamento e a condenação constantes; a ordem hierárquica; – – –

11 (276)

Se não se compreende que a Igreja não é apenas a caricatura do cristianismo, mas a *guerra* organizada *contra o cristianismo*: – – –

11 (277)

Tolstoi, p. 243

"*La doctrine de Jésus ne peut pas contrarier en aucune façon les hommes de notre siècle sur leur manière d'envisager le monde; elle est d'avance d'accord avec leur métaphysique, mais elle leur donne ce qu'ils n'ont pas, ce qui leurs est indispensable et ce qu'ils cherchent: elle leur donne le chemin de la vie, non pas un chemin inconnu, mais un chemin exploré et familier à chacun.*"[127]

---

127 **N.T.:** Em francês no original: A doutrina de Jesus não pode contrariar de modo algum os homens de nosso século sobre a maneira de considerar o mundo; ela está de antemão de acordo com a sua metafísica, mas ela lhes dá o que eles não possuem, o que lhes é indispensável e que eles buscam: ela lhes dá o caminho da vida, não um caminho desconhecido, mas um caminho explorado e familiar a cada um.

p. 236

L'antagonisme entre les explications de l'Église, qui passent pour la foi, et la vrai foi de notre génération, qui consiste à obéir aux lois sociales et à celle de l'État, est entré dans une phase aiguë, et la majorité des gens civilisés n'a pour régler sa vie que la foi dans le sergent de ville et la gendarmerie. Cette situation serait épouvantable, si elle était complètement telle; mais heuresement il y a des gens, les meilleurs de notre époque, qui ne se contentent pas de cette religion, mais qui ont une foi toute différente, relativement à ce que doit être la vie des hommes. Ces hommes sont considérés comme les plus malfaisants, les plus dangereux et principalement le plus incroyants de tous les êtres: et pourtant ce sont les seules hommes de notre temps croyant à la doctrine évangélique, si ce n'est pas dans son ensemble, au moins en partie... Souvent même ils haïssent Jésus... On aura beau les persécuter et les calomnier, ce sont les seuls, qui ne se soumettent point sans protester aux ordres du premir venu; par conséquent, ce sont les seuls à notre époque, qui vivent d'une vie raisonnée, non pas de la vie animale; ce sont les seuls, qui aient de la foi.[128]

---

128 **N.T.:** Em francês no original: O antagonismo entre as explicações da Igreja que passam pela fé e a verdadeira fé de nossa geração que consiste em obedecer às leis sociais e às leis do Estado entrou em uma fase aguda, e a maioria das pessoas civilizadas não tem como ordenar sua vida senão por meio da fé no agente de polícia e na guarda republicana. Essa situação seria espantosa, se fosse completamente assim; mas, felizmente, há pessoas, as melhores de nossa época, que se contentam com essa religião, mas que possuem uma fé totalmente diversa, no que concerne àquilo que deve ser a vida dos homens. Esses homens são considerados os mais daninhos, os mais perigosos e principalmente os mais descrentes de todos os seres; e, contudo, eles são os únicos homens de nosso tempo que creem na doutrina evangélica, ainda que não em seu todo, ao menos em parte... Com frequência, mesmo eles odeiam Jesus... Por mais que possamos persegui-los e caluniá-los, eles são os únicos que não se submetem às ordens do primeiro que aparece; por conseguinte, eles são os únicos em nossa época que vivem uma vida racional; não a vida animal; eles são os únicos que têm fé.

11 (278)

N.B. Não há como ter consideração suficiente por um homem, ao vermos como ele sabe se impor, se manter, aproveitar as circunstâncias, derrubar adversários; não obstante, por mais distante que *queiramos* lançar o nosso olhar em direção ao homem, ele se mostra como a besta mais absurda... Tudo se dá como se ele precisasse de uma arena da covardia, da fraqueza, do adocicamento e da sujeição ao descanso para as suas virtudes fortes e viris: vede as *desejabilidades* humanas, os seus "ideais". O homem *desejante* restabelece-se daquilo que é eternamente valoroso nele, de sua ação: no iníquo, absurdo, desprovido de valor, infantil. A pobreza espiritual e a falta de inventividade são terríveis junto a esse animal tão criativo e tão cheio de informações. O ideal é, por assim dizer, a expiação que o homem paga pelo gasto descomunal que tem de contestar em todas as tarefas reais e urgentes. Se cessa a realidade, então vem o sonho, o cansaço, a fraqueza: "o ideal" é precisamente uma forma de sonho, cansaço, fraqueza... As naturezas mais fortes e mais poderosas equiparam-se, quando esse estado se abate sobre eles: eles *idolatram* a *interrupção* do trabalho, da luta, das paixões, da tensão, das contradições, da "*realidade*", em suma... do combate pelo conhecimento, do *esforço* do conhecimento

Inocência: assim eles chamam o estado ideal do emburrecimento

Bem-aventurança: o estado ideal da preguiça

Amor: o estado ideal do animal de rebanho, que não quer ter nenhum inimigo

Com isso, tem-se tudo aquilo que rebaixa e avilta o homem elevado ao âmbito do *ideal*

11 (279)

Jesus contrapõe uma vida real, uma vida na verdade, àquela vida comum: nada lhe é mais estranho do que um "Pedro eternizado", do que uma eterna continuação pessoal. O que ele combate é a arrogância da "pessoa": como é que ele poderia querer eternizá-*la*?

Ele combate do mesmo modo a hierarquia no interior da comunidade: ele não promete uma proporção qualquer de pagamento relativo ao desempenho: como é que ele pode ter pensado em um castigo e em uma retribuição no além!

11 (280)

Não vejo contra o que o levante comandado por Jesus estava dirigido senão contra a Igreja judaica – Igreja entendida precisamente no sentido que compreendemos a palavra... Foi um levante contra "os bons e os justos", contra a "sagrada Israel", contra a hierarquia da sociedade – *não* contra a sua ruína, mas contra a tirania da casta, do costume, da fórmula, da ordem, do privilégio, do orgulho eclesiástico, do puritanismo no âmbito eclesiástico – foi a descrença nos "homens superiores", a expressão entendida de modo eclesiástico, que conduziu aqui à indignação, a um atentado contra tudo aquilo que diz respeito ao padre e ao teólogo. A hierarquia, porém, que foi colocada assim em questão, era a construção fundamental, sobre a qual continuava subsistindo o povo judeu em geral, a *última* possibilidade arduamente conquistada de continuar existindo, a relíquia de sua antiga existência política particular: um ataque a essa possibilidade foi um ataque ao instinto nacional mais profundo, à vontade de autoconservação judaica. Esse santo anarquista, que conclamou o povo mais baixo, os excluídos e "pecadores", a se opor ao "estado dominante" – com uma linguagem que ainda hoje levaria à Sibéria –, foi um criminoso político, até onde um criminoso político ainda era possível sob tais circunstâncias. Isso o levou à cruz: a prova disso é a inscrição na cruz: o rei dos judeus. Falta toda base para que afirmemos com Paulo que Jesus morreu "pelos pecados dos outros"... ele morreu por seus próprios "pecados". Transposto para outras relações, por exemplo, para o meio da Europa de hoje, o mesmo tipo de homem viveria, ensinaria e falaria como niilista: e mesmo nesse caso se ouviria por parte de seu partido que o seu mestre teria morrido pela justiça e pelo amor entre os homens – não por causa de sua inocência, mas por causa de *nossa* culpa (– pela culpa das classes agora regentes: a saber, na medida em que, para os anarquistas, governar já é considerado uma culpa).

11 (281)

Paulo, com um instinto para as necessidades dos não judeus, traduziu aquele grande símbolo do primeiro movimento cristão no elemento palpável e não simbólico: por um lado, a partir da oposição entre a vida *verdadeira* e a vida *falsa*, ele construiu a oposição entre essa vida terrena e aquela vida celestial no além, para a qual a morte funciona como ponte (– ele a inseriu no movimento do tempo, como agora e como um dia porvir –). Para esse fim, ele roubou o coração do paganismo e assumiu a *imortalidade pessoal*, algo tão antijudeu quanto anticristão. Mas, em todo mundo, onde havia cultos secretos, acreditava-se no prosseguimento da vida, e, em verdade, sob uma perspectiva de pagamento e castigo. Esse obscurecimento do paganismo por meio da sombra da liquidação da culpa no além foi, por exemplo, o que Epicuro combateu... O artifício de Paulo foi transformar exageradamente a crença em que Cristo teria sido visto uma vez mais depois da morte (isto é, os fatos de uma *alucinação coletiva*) em uma lógica teológica, como se a imortalidade e a ressurreição fossem *fatos centrais* e por assim dizer o fecho da abóbada da ordem sagrada de Jesus (– para tanto, toda a *doutrina* e toda a *prática* da antiga comunidade precisou ser colocada de ponta-cabeça)

Esse é o tom humorístico *da coisa*, o tom dotado de um humor trágico: Paulo erigiu uma vez mais em grande estilo precisamente o que Jesus tinha anulado por meio de sua vida. Por fim, quando a Igreja ficou pronta, ela assumiu sob sua sanção até mesmo a *existência do Estado*.

11 (282)

N.B.: uma abordagem ingênua de um *movimento de paz budista*, no cerne da proveniência do rebanho propriamente dito do ressentimento... mas invertida por Paulo em uma doutrina pagã dos mistérios, que aprende por fim a se compatibilizar com toda a *organização estatal*... e faz guerras, condena, tortura, jura, odeia.

Paulo parte da necessidade de mistérios da grande multidão religiosamente excitada: ele busca uma *vítima*, uma fantasmagoria sangrenta, que suporte a luta com as imagens do culto secreto: Deus na cruz, o beber o sangue, a *unio mystica* com a "vítima"

Ele procura inserir em uma ligação causal a *continuação da existência* (a continuação bem-aventurada, desprovida de pecados da alma singular) como ressurreição e aquela *vítima* (segundo o tipo de Dioniso, Mitras, Osiris)

Ele precisa colocar no primeiro plano o conceito de *culpa* e *castigo*, *não* uma nova práxis (como o próprio Jesus a mostrou e ensinou), mas um novo culto, uma nova fé, uma fé em uma transformação milagrosa ("redenção" por meio da fé)

Ele compreendeu a *grande necessidade do mundo pagão* e fez uma escolha completamente arbitrária dos fatos relativos à vida e à morte de Cristo, acentuando tudo de maneira nova, alterando por toda parte o fiel da balança... ele *anulou* de manira principial o cristianismo originário...

O atentado aos *padres* e *teólogos* desembocou, graças a Paulo, em um novo sacerdotismo e em uma nova teologia – em uma classe dominante, em uma *Igreja* também.

O atentado à arrogância desmedida da "*pessoa*" desembocou na crença na "pessoa eterna" (no cuidado com a "salvação eterna"), no exagero maximamente paradoxal do egoísmo pessoal.

Vê-se o que aconteceu com a morte na cruz. Como o demônio do desangelho aparece *Paulo*...

11 (283)

O fato de a *nocividade* de um homem já dever se mostrar como uma objeção contra ele!... Como se não houvesse também um lugar entre os grandes fomentadores da vida para o grande criminoso!...

Deixamos os animais intocados com os nossos desejos; também a natureza; mas os homens queremos simplesmente diversos...

Os homens mais extraordinários, supondo que seriam necessárias para o seu surgimento uma vontade, uma resolução, uma votação, nunca seriam almejados...

Compreendi ao menos o seguinte: se se tivesse tornado o surgimento de homens grandes e raros dependente da concordância dos muitos (incluindo aí o fato de que esses muitos *saberiam* quais são as propriedades que pertencem ao grande e, do mesmo modo, a que custo toda grandeza se desenvolve) – então, isso jamais teria impedido um homem significativo...

O fato de o curso das coisas tomar o seu caminho independentemente da concordância da grande maioria: é por isso que algumas coisas espantosas puderam se imiscuir furtivamente na terra...

11 (284)

No Marrocos, as pessoas aprendem a Idade Média; na Córsega, a história judaica e árabe do tempo de sua construção; na arábia, a época patriarcal; – – –

11 (285)

Sentir-se mais forte – ou, expresso de outro modo: a alegria – sempre pressupõe uma comparação (todavia, *não* necessariamente com outros, mas consigo, em meio a um estado de crescimento, sem que se *soubesse* primeiramente em que medida se compara –)

– o fortalecimento *artificial*: seja por meio de uma química estimulante, seja por meio de erros estimulantes ("alucinações")

Por exemplo, o sentimento de *segurança*, tal como o cristão o possui. Ele sente-se forte em seu poder ter confiança, em seu poder ser paciente e sereno: ele deve esse fortalecimento artificial à ilusão de estar protegido por um Deus

Por exemplo, o sentimento de *superioridade*; por exemplo, quando o califa do Marrocos só via globos terrestres, nos quais os seus três impérios unificados tomavam 4/5 da superfície

Por exemplo, o sentimento de *unicidade*; por exemplo, quando o europeu imagina que o curso da cultura se realiza na Europa e quando ele parece para si mesmo como uma espécie de processo mundial resumido; ou o cristão que faz toda a existência em geral girar em torno da "salvação do homem" –

Tudo depende de onde se sente a pressão, a falta de liberdade: de acordo com isso vem à tona outro sentimento relativo ao *ser mais forte*. Em meio à ginástica abstracional mais ousada e transmontante, o filósofo sente-se como um peixe na água: por outro lado, cores e sons o oprimem, para não falar dos desejos abafados – para não falar daquilo que os outros denominam "o ideal".

11 (286)

Morfologia dos *sentimentos próprios*

Primeiro ponto de vista

A: em que medida os *sentimentos compassivos e comunitários* formam o nível mais baixo, preparatório. Por vezes, ele se dá onde o sentimento próprio pessoal, a iniciativa da instauração de valores no singular ainda não é de modo algum possível

B: em que medida a *grandeza do sentimento próprio coletivo*, o orgulho pela distância do clã, o sentir-se desigual, a aversão em relação à mediação, à igualdade de direitos, à reconciliação é uma escola do *sentimento próprio singular*: a saber, na medida em que ela obriga o singular a *representar* o orgulho do todo... Ele precisa falar e agir com uma consideração extrema por si, na medida em que representa a comunidade em pessoa...
do mesmo modo: quando o indivíduo se sente como *instrumento e porta-voz da divindade*

C: em que medida essas formas de *perda de si próprio* conferem efetivamente à pessoa uma importância descomunal: na medida em que forças mais elevadas se servem delas: pudor religioso ante si mesmo é o estado do profeta, do poeta...

D: em que medida a responsabilidade pelo todo *atrai* *<educa>* e *permite* ao singular uma visão ampla, uma mão rigorosa e terrível, uma prudência, uma ousadia e uma grandiosidade da postura e dos gestos que ele não se permitiria em virtude de si mesmo

Em suma: os sentimentos próprios coletivos são a grande escola preparatória para a soberania pessoal

O estado nobre é aquele que herda esse exercício –

11 (287)

No conceito de poder, seja o poder de um deus, seja o poder de um homem, está sempre ao mesmo tempo contabilizada a capacidade de *usar* e de *prejudicar*. Assim junto aos árabes; assim junto aos hebreus. Assim junto a todas as raças fortalecidas.

Trata-se de um passo fatídico, quando se *cinde dualisticamente* a força para uma coisa da força para a outra... Com isso, a moral transforma-se em envenenadora da vida...

11 (288)

Meus amigos, hoje já é preciso se arrastar com as quatro patas por esse "estado" e gritar como um burro: é preciso fazer com que a epidemia saiba que se é um asno – único meio de se manter sem ser contaminado por essa loucura

11 (289)

Heva é a serpente: ela está na ponta da genealogia bíblica (assim como a serpente também aparece com frequência junto aos hebreus como nome próprio)

11 (290)

O sentido da circuncisão é uma prova de masculinidade de primeiro nível (um *comprovante de maturidade* antes que se possa casar): os árabes a denominam "desfloramento". A cena tem lugar ao ar livre: o pai e os amigos se colocam à volta do jovem. O tonsurador puxa a faca e, depois de seccionar o prepúcio, despoja o *membro* (as partes pudendas) de toda a pele, assim como a barriga desde o umbigo até o quadril. O jovem agita aí com a mão direita uma faca e grita: "corta sem medo!" Ai de o tonsador hesitar e de sua mão tremer! No entanto, se o filho grita de dor, o pai o mata imediatamente. Por fim, o jovem entoa uma *gloria Deo* e se dirige para a barraca, onde cai no chão de dor. Alguns morrem de uma enorme supuração, de 10 permanecem no máximo oito: os que ficam não possuem mais pécten e a sua barriga é coberta por uma pálida pele. (junto aos Asîr)

11 (291)

bárbaro = não circuncisado é tanto judeu quanto árabe

11 (292)

O cristianismo não compreendeu a ceia: a *communio* pela carne e a bebida, que se transubstanciam naturalmente em carne e sangue –

Toda comunidade é comunidade de sangue. Essa comunidade não é apenas inata, mas também adquirida; assim como o sangue não é meramente inato, mas também é adquirido. Aqueles que comem e bebem juntos renovam o seu sangue a partir da mesma fonte, trazem o mesmo sangue para as suas veias. Um estrangeiro, até mesmo um inimigo, que compartilha a nossa refeição (mesmo sem e mesmo contra a nossa vontade) é acolhido por meio daí, ao menos por um tempo, na comunidade de nossa carne e de nosso sangue.

11 (293)

Um gozo conjunto do sangue, o meio mais antigo da aliança, o meio mais antigo de firmar um pacto. A sociedade da comida é uma comunidade sacral. O animal que fornece o sangue da aliança é uma vítima; o pacto é firmado por meio dessa vítima.

11 (294)

O "cristianismo" tornou-se algo fundamentalmente diverso daquilo que seu fundador fez e daquilo que ele queria

Ele é o grande *movimento antipagão* da Antiguidade, formulado com o aproveitamento da vida, da doutrina e das "palavras" do fundador do cristianismo, mas em uma interpretação absolutamente *arbitrária* segundo o esquema de *necessidades fundamentalmente diversas*: traduzido na língua de todas aquelas *religiões subterrâneas* já existentes –

Ele é a emergência do pessimismo, enquanto Jesus quis trazer a paz e a felicidade das ovelhas

: e, em verdade, o pessimismo dos fracos, dos inferiores, dos sofredores, dos oprimidos

seu inimigo mortal é 1) *o poder* em termos de caráter, espírito e gosto; a "mundaneidade", 2) a "felicidade" clássica, a frivolidade nobre e o ceticismo, o duro orgulho, o excesso excêntrico e a ousada autossuficiência do sábio, o refinamento grego em gestos, palavra e forma – seu inimigo mortal é o *romano* tanto quanto o *grego*.

Tentativa do *antipaganismo* de se fundamentar e tornar possível filosoficamente: faro para as figuras ambíguas da cultura antiga, antes de tudo para Platão, esse anti-heleno e semita por instinto... Do mesmo modo para o estoicismo, que é essencialmente obra de semitas (– a "dignidade" como rigor, como lei, a virtude como grandeza, autorresponsabilidade, como a mais elevada soberania pessoal – isso é semita:

o estoico é um xeique árabe enrolado nas fraldas e conceitos gregos

11 (295)

O cristianismo converteu desde o princípio o simbólico em *crudezas*:

1) a oposição entre "vida verdadeira" e vida "falsa": mal compreendidas como "vida no aquém" e "vida no além"
2) o conceito de "vida eterna" como "imortalidade pessoal" em oposição à vida pessoal ligada à perecibilidade
3) segundo o hábito arábico-hebreu, a confraternização como gozo conjunto de comida e bebida se mostra como "milagre da trans-substanciação"
4) a "ressurreição" – como entrada na "vida verdadeira", como "renascimento" – por isso: uma eventualidade histórica que entra em cena em algum momento depois da morte
5) a doutrina do filho do homem como o "filho de Deus", a relação vital entre homem e Deus – por isso: a "segunda pessoa da divindade" – precisamente este ponto é

eliminado: a relação do filho de todo homem com Deus, mesmo do filho do homem mais inferior

6) a redenção por meio da fé, a saber: não há nenhum outro caminho para a filiação de Deus senão a *práxis da vida* ensinada pelo Cristo – o contrário se dá nas crenças em que se pode acreditar em algum *pagamento* milagroso pelos *pecados*, um pagamento que não é realizado pelo homem, mas pela ação de Cristo

: com isso, o Cristo na cruz precisou ser reinterpretado. Essa morte *não* foi em si de maneira alguma a coisa principal... ela não passou de mais um sinal de como precisamos nos comportar em relação à autoridade, em relação às leis do mundo – *não nos defendendo... Aí estava o modelo.*

O cristianismo só acolhe a luta que já existia contra o ideal *clássico*, contra a religião *nobre*

De fato, toda essa *transformação* é uma tradução nas necessidades e no nível de compreensão da *massa religiosa* de outrora: aquela massa que acreditava em Ísis, Mitras, Dioniso, "as grandes mães", e que exigia uma religião

1) a esperança no além
2) a fantasmagoria sangrenta do animal sacrificial, "o mistério"
3) o *ato* redentor
4) o ascetismo, a negação do mundo, a "purificação" supersticiosa
5) uma hierarquia, uma forma da cultura da comunidade

em suma: o cristianismo adapta-se ao *antipaganismo* já existente encravado por toda parte, aos cultos que são combatidos por Epicuro... mais exatamente, às *religiões das massas inferiores das mulheres, dos escravos, das classes* não nobres.

Portanto, temos como *incompreensão*:

1) a imortalidade da pessoa
2) o suposto *outro* mundo
3) a absurdidade do conceito de pena e do conceito de pecado no centro da interpretação da existência

4) a desdivinização do homem ao invés de sua divini*zação*, a abertura do mais profundo fosso, que somente o milagre, somente a prostração do mais profundo desprezo por si próprio ajuda a ultrapassar
5) todo o mundo da imaginação degradada e do afeto doentio, ao invés da práxis simples e afetuosa, ao invés de uma felicidade budista alcançável na terra...
6) uma ordem eclesiástica, com sacerdotes, teologia, culto, sacramentos; em suma, tudo aquilo que Jesus de Nazaré tinha combatido
7) o *milagre* em tudo e em cada coisa, a superstição: enquanto o traço distintivo do judaísmo e do cristianismo mais antigo era precisamente a sua *repugnância* pelo milagre, sua relativa *racionalidade*

11 (296)

Journal des Goncourt I.

"um Deus *à l'américaine*,[129] que é um Deus de uma maneira totalmente humana, que porta óculos, sobre o qual há testemunhos dos pequenos jornais" – um Deus em fotografia –

... ela exige novidades sobre Sua alma "o Senhor está em estado de graça?", como se ela perguntasse: "o Senhor está resfriado?"

Joubert: falta em suas ideias a determinação francesa. Elas não são nem claras nem francas. Elas cheiram à pequena escola de Genfer: Mad, Necker, Tracy, Jouffroy. O *pérfido* Sainte-Beuve vem daí. Joubert gira as ideias como se gira *du buis*.[130]

– tem-se de tempos em tempos a necessidade de um *encanaillement de l'esprit*[131]
– falta a pincelada ampla em seu diálogo; coisas extremamente bonitas, pequenas, tímidas (de Sainte-Beuve)
– será que os antigos trabalharam em uma realidade bela? Será que eles não foram de maneira alguma "idealistas"?

---

129 **N.T.:** Em francês no original: à moda americana.
130 **N.T.:** Em francês no original: a grama.
131 **N.T.:** Em francês no original: aviltamento do espírito.

– eles buscam um *zero*, para decuplicar seu valor
– na tenra juventude, quando toda a vitalidade da expansão se *retrai* por meio de uma grande solidão –
– "as pessoas se sentem na sinagoga como no Oriente, em uma religião feliz. Uma espécie de familiaridade com Deus, nenhuma oração, tal como na Igreja cristã, onde se quer sempre perdoar algo...

Os "quatro mandatários" de *Rembrandt*; os mártires de São Marco de *Tintoretto* – os mais belos quadros do mundo para os Goncourt.

O conforto inglês uma compreensão maravilhosa pelo bem-estar corporal, mas de uma espécie de felicidade, da qual os cegos podem precisar: os olhos não encontram aí nenhuma satisfação.

N.B.: *rien de si mal écrit qu'un beau discours.*[132]

Em *Salambô*, Flaubert vem à tona, empolado, declamatório, melodramático, apaixonado pelas cores gordas
– o único que fez a descoberta de uma língua, com a qual se pode falar dos tempos antigos: Maurice de Guérin em "Centauro"
– o povo não ama nem a verdade nem o simples: ele ama o romance e o charlatão.

É muito estranho que quatro homens *les plus purs de tout métier et de tout industrialisme, les quatre plumes les plus entièrement vouées à l'art*[133] tenham sido levados justamente para diante dos bancos da *police correctionelle*: Baudelaire, Flaubert e os Goncourt.

Nós decuplicamos todos os meios de transporte em sua velocidade: ao mesmo tempo, porém, nós centuplicamos em nós a necessidade de velocidade...

Je hais tout ce qui est coeur *imprimé, mis sur du papier.*[134] Gavarni.

---

132 **N.T.:** Em francês no original: nada tão mal escrito quanto um belo discurso.

133 **N.T.:** Em francês no original: os mais puros de todo o ofício e de todo o industrialismo, as quatro penas mais inteiramente devotadas à arte.

134 **N.T.:** Em francês no original: Eu odeio todo *coração* impresso, colocado sobre o papel.

Uma corrupção de antigas civilizações, só continuar encontrando prazer nas obras do homem e *à s'embêter des oeuvres de Dieu.*[135]

Nós somos *le siècle des chefs-d'oeuvre de l'irrespect.*[136]

A felicidade com a luz da Argélia, a espécie lisonjeira de luz: como se respira serenidade...

A *mélancholie contemporaine* francesa, *une mélancolie* suicidante, *non blasphématrice, non désespérée : une tristesse, qui n'est pas sans douceur et où rit un coin d'ironie.*[137] Melancolias de Hamlet, Lara, Werter, René mesmo representam as melancolias dos povos *mais nórdicos* do que nós somos.

O tipo de 1830: traços enérgicos, expressão doce, um riso suave que vos toca; habituado com a batalha, com lutas nobres, com simpatias ardentes, com a concordância ruidosa de um público jovem; e suportando aí no fundo de si a tristeza e o remorso de não se consolar, coração dilacerado; as ideias políticas de 1848 o tornaram por um instante uma vez mais febril. Desde então, o tédio e a não ocupação de seus pensamentos e aspirações. Um espírito distinto, sofrendo de uma nostalgia pacífica por um ideal em política, literatura, arte, queixando-se a meia-voz e só se vingando de si mesmo pela visão da imperfeição das coisas aqui embaixo.

No código moderno, no *code*, a honra é tão esquecida quanto *la fortune. Pas un mot de l'arbitrage de l'honneur*:[138] o duelo etc. No que diz respeito à *fortune* de hoje, *qui est presque toute*[139] em operações da bolsa <*dans des opérations de bourse*>, *de courtage, d'agiotage, de coulisse ou d'agences de change,*[140] não há nenhuma previsão de protegê-la e defendê-la: nenhuma

---

135 **N.T.**: Em francês no original: e se entediar com as obras de Deus.

136 **N.T.**: Em francês no original: o século das obras-primas da falta de respeito.

137 **N.T.**: Em francês no original: uma melancolia não *suicidante*, não blasfemadora, não desesperada: uma tristeza, que não deixa de possuir doçura e onde ri uma dose de ironia.

138 **N.T.**: Em francês no original: a fortuna. Não há uma palavra sobre a arbitragem da honra.

139 **N.T.**: Em francês no original: que é quase totalmente.

140 **N.T.**: Em francês no original: em operações da bolsa, de corretagem, de agiotagem, de moeda, de agentes de câmbio.

regulamentação *des ces trafics journaliers*;[141] os tribunais são incompetentes para todas as transações da bolsa; o agente de câmbio não dá nenhum *reçu*.[142]

La bruyère: "*on peut se servir des coquins, mais l'usage en doit être discret*".[143]

Como se tem coragem de falar a um público de teatro? A peça é avaliada por meio de uma *masse d'humanité réunie, une bêtise agglomérée*...[144] (Toma-se conhecimento do livro em solidão –)

"Quando se é bom, parece-se covarde: é preciso ser mau, para que se seja considerado corajoso": um tema para Napoleão III

"Diante de uma boa paisagem, eu me sinto mais *à la campagne*[145] do que no espaço livre e no meio do mato." Nós somos civilizados demais, velhos demais, apaixonados demais pelo *facticiel* e *artificiel*,[146] para nos divertirmos com o verde da terra e o azul do céu.

O mesmo para Flaubert: *horreur* no Rigi.

Literatura do século XX: louca e matemática ao mesmo tempo, analítico-fantástica: as coisas – mais importantes e em primeiro plano, não mais as essências; eliminação do amor (já em Balzac, o dinheiro ganha o primeiro plano): narrando mais sobre a história na cabeça do que sobre a história no *coração*.

Ces désespérances, ces doutes, non de nous, ni de nos ambitions, mais du moment et des moyens, au lieu de nous abaisser vers les concessions, font en nous, plus entière, plus intraitable, plus hérissée, la conscience littéraire. *Et, un instant, nous agitons si nous ne devrions pas penser et écrire absolument pour nous,*

---

141 **N.T.:** Em francês no original: desses trânsitos diários.

142 **N.T.:** Em francês no original: recibo.

143 **N.T.:** Em francês no original: Podemos nos servir dos patifes, mas o uso deve ser discreto.

144 **N.T.:** Em francês no original: uma massa de humanidade reunida, uma tolice aglomerada.

145 **N.T.:** Em francês no original: mais no campo.

146 **N.T.:** Em francês no original: facticial e artificial.

laissant à d'autres le bruit, l'éditeur, le public. Mais, comme dit Gavarni: on n'est pas parfait. Journal des Goncourt I, p. 147.[147]

O café um estado rudimentar: por 40 ct. Serenidade, com um gás talvez (*gas exhilarant*): *une demi-tasse de paradis*[148]

Gavarni: isto é cruel, mas assim são as coisas, não tenho para dois *sous vénération*[149] em mim. (mas certamente sensitividade –)

Flaubert: *de la forme naît l'idée*,[150] fórmula suprema da escola, de acordo com Teófilo Gautier

Il faut à des hommes comme nous, une femme peu élevée, peu éduquée, qui ne soit que gaieté et esprit naturel, parce que celle-là nous réjouira et nous charmera ainsi qu'un agréable animal, auquel nous pourrons nous attacher.[151]

No tempo, em que todos os homens souberem ler e todas as mulheres tocarem piano, o mundo estará em plena dissolução; esse tempo terá esquecido uma frase do testamento do cardeal Richelieu: "*ainsi qu'un corps qui auroit des yeux en toutes ses parties, seroit monstrueux, de même un État le seroit, si tout les sujets étoient savants. On y verroit aussi peu d'obéissance que l'orgueil et la présomption y seroient ordinaires*".[152]

---

147 **N.T.:** Em francês no original: Essas desesperanças, essas dúvidas, não de nós, nem de nossas ambições, mas do momento e dos meios, ao invés de nos rebaixar em direção às concessões, produzem em nós, de maneira mais integral, mais intratável, mas agitada, *a consciência literária*. E, um instante, nós agiríamos, se não devêssemos pensar e escrever absolutamente para nós, deixando aos outros o barulho, o editor, o público. Mas, como diz Gavarni: não somos perfeitos. Jornal dos Goncourt I.

148 **N.T.:** Em francês no original: gás ex-hilariante: uma meia-xícara de paraíso.

149 **N.T.:** Em francês no original: sob veneração.

150 **N.T.:** Em francês no original: da forma nasce a ideia.

151 **N.T.:** Em francês no original: É necessário, para homens como nós, uma mulher pouco culta, pouco educada, que não seja senão alegria e espírito natural, pois uma tal mulher nos alegrará e nos encantará como um agradável animal, ao qual nós podemos nos ligar.

152 **N.T.:** Em francês no original: assim como um corpo que tivesse olhos em todas as suas partes seria monstruoso, um Estado também o seria, se todos os sujeitos fossem sábios. Veríamos aí tão pouca obediência quanto o orgulho e a presunção seriam ordinários.

Nenhum pintor mais. Um exército de *chercheurs d'idées ingénieuses. De l'esprit, non de touche, mais dans le choix du sujet.*[153] Literatura do pincel.

Rafael encontrou o tipo cláss<ico> da virgem por meio da consumação do tipo vulgar – por meio de uma oposição absoluta ante a beleza, tal como Da Vinci a tinha procurado nos *requintes* do tipo e na *raridade* da expressão. Um tipo de serenidade humana, uma beleza esférica, uma saúde quase junoniana. Esse tipo permanecerá eternamente popular.

Voltaire o último espírito da velha França, Diderot o primeiro da nova. Voltaire levou para o túmulo a epopeia, a fábula, o pequeno verso, a tragédia. Diderot inaugurou o romance moderno, o drama e a crítica de arte.

Ser cético, confessar-se partidário do ceticismo – um mau modo de trilhar o seu caminho! O meio do ceticismo é a ironia, a fórmula que é menos acessível *aux épais, aux obtus, aux sots, aux niais, aux masses*?[154] Em seguida, essa negação, essa dúvida em relação a tudo, flerta com as ilusões de todos, ao menos com as ilusões que se ligam a todos: a autossatisfação da humanidade consigo mesma, que pressupõe a satisfação consigo – essa paz da consciência humana, que o burguês pretende afetadamente apresentar como a paz de sua consciência pessoal. –

No fundo desse monólogo metafísico sinto a preocupação – "*la préocupation et la terreur du au-delà de la mort, que donne aux esprits les plus émancipés l'éducation religieuse*".[155]

O homem fez a mulher, na medida em que ele lhe dá todas as suas poesias... Gavarni

Com palhaços e funâmbulos seu ofício seu dever: os únicos atores, cujo talento é incontestável e absoluto, tal como o ta-

---

153 **N.T.:** Em francês no original: pesquisadores de ideias engenhosas. De espírito, não de toque, mas na escolha do sujeito.

154 **N.T.:** Em francês no original: aos grossos, aos obtusos, aos tolos, aos simplórios, às massas.

155 **N.T.:** Em francês no original: a preocupação e o terror do além da morte, que dá aos espíritos mais emancipados a educação religiosa.

lento dos matemáticos ou mais ainda *comme le saut périlleux*.[156] Pois não há aí nenhum indício falso de talento: ou bem se cai ou não se cai.

Rien de plus charmant, de plus exquis que l'esprit français des étrangers, l'esprit de Galiani, du prince de Ligne, de Henri Heine.[157]

Flaubert: "*après tout, le travail, c'est encore le meilleur moyen d'escamoter la vie*".[158]

O que choca em Victor Hugo, que tem a ambição de ser considerado um pensador, é a *ausência do pensamento*. Ele não é nenhum pensador, ele é um ser natural (um naturalista, diz Flaubert): ele tem o suco das árvores nas veias –

De l'amoreux à la mode. 1830 le ténébreux,[159] segundo a influência de Antony. O ator dominante dá o tom para a sedução no amor. 1860 é o *farceur*[160] (segundo o modelo de Grassot)

Não há mais pobres para o trabalho no campo. A educação destrói a *raça* dos trabalhadores e, por conseguinte, os campos...

Uma verdadeira liberdade para o indivíduo só há na medida em que ele ainda não é arregimentado em uma sociedade completamente civilizada: nela, ele perde toda a posse de si, de seus bens, do que é *bom* para si. O Estado absorveu, a partir de 1789, de maneira diabólica os direitos de todos, e eu me pergunto se, em nome do completo domínio do Estado, o futuro ainda não nos reserva uma tirania totalmente diversa, *servi par le despotisme d'une bureaucratie française*[161] –

---

156 **N.T.**: Em francês no original: como o salto perigoso.

157 **N.T.**: Em francês no original: Não há nada de mais charmoso do que o espírito francês dos estrangeiros, o espírito de Galiani, do príncipe de Ligne, de Henri Heine.

158 **N.T.**: Em francês no original: antes de tudo, o trabalho é ainda o melhor meio de escamotear a vida.

159 **N.T.**: Em francês no original: Do amoroso à moda. 1830 o *tenebroso*.

160 **N.T.**: Em francês no original: galhofeiro.

161 **N.T.**: Em francês no original: servida pelo despotismo de uma burocracia francesa.

11 (297)

A habilidade parcial: ou o bom homem.

Corresponde a uma tentativa de eliminar da divindade todas as propriedades "más" uma tentativa de reduzir o homem à metade, que constitui suas *boas* propriedades: em circunstância alguma ele deve causar danos, *querer* causar danos...

O caminho para tanto: a castração da possibilidade para a *inimizade*, o desenraizamento do *ressentimento*, da *paz* como o único estado *interno* e como o estado *interno* unicamente admissível...

O ponto de partida é completamente ideológico: estabeleceu-se "bem" e "mal" como uma contradição e se considera desde então consequente que o bem renuncie e resista "ao mal" até a sua última raiz – pensa-se, com isso, que se retorna à totalidade, à unidade, à força e que se põe um fim em sua própria anarquia e autodissolução internas entre impulsos valorativos opostos.

Mas: toma-se a *guerra* como *má* – e continua-se, contudo, a conduzir a guerra!... Em outras palavras: com maior razão, não se deixa agora de odiar, de dizer não, de fazer o não: o cristão, por exemplo, odeia o pecado (não o pecador: tal como a astúcia casta não cansa de distinguir) – E precisamente por meio dessa falsa cisão entre "bom" e "mau", o mundo do odioso, daquilo que precisa ser eternamente combatido cresceu enormemente. Na prática, "o bem" se vê envolto pelo mal, vê em toda ação algo mau – ele termina, com isso, compreendendo a natureza como má, o homem como degenerado, o ser bom como a graça.

– Assim, surge um tipo sobrecarregado com ódio e desprezo que, contudo, *afastou de si os meios* de conduzir a guerra com ações e com armas: um tipo carunchoso de "escolhidos", apóstolos da paz

I. O perfeito "touro chifrudo"

O tipo *estoico*. Ou: o perfeito touro chifrudo. A firmeza, o autodomínio, o elemento inabalável, a paz como inflexibilidade de um longa vontade – a calma profunda, o estado de defesa, a montanha, a desconfiança guerreira – a firmeza dos princípios; a unidade de *vontade* e *saber* a elevada estima por si. O tipo do eremita.

O tipo *consequente*: aqui se compreende que também não se poderia odiar o mal, que não se pode resistir a ele, que também não se pode conduzir uma guerra contra si mesmo: que não se acolhe apenas o sofrimento que uma tal práxis traz consigo; que se vive totalmente nos sentimentos *positivos*; que se toma o partido dos adversários com palavras e ações; que se empobrece o solo dos outros estados por meio de uma superfetação dos estados pacíficos, benévolos, conciliadores, solícitos e carinhosos... que se necessita de uma *práxis* incessante

o que se alcança aqui? – O tipo budista: ou a vaca perfeita

Esse ponto de vista só é possível se nenhum fanatismo moral é dominante, isto é, se o mal não é odiado por causa de si mesmo, mas apenas porque ele cede o caminho para os estados que nos machucam (inquietude, trabalho, cuidado, complicação, dependência).

Este é o ponto de vista *budista*: não se odeia aqui o pecado, aqui falta o conceito de "pecado".

II.

O tipo *inconsequente*: conduz-se uma guerra contra o mal – acredita-se que a guerra *em virtude do bem* não tem a consequência moral e de caráter que a guerra de outro modo traz consigo (e em virtude da qual as pessoas a abominam como má). De fato, uma tal guerra contra o mal degenera de uma maneira muito mais fundamental do que qualquer hostilidade entre pessoas; e, normalmente, "a pessoa" chega até mesmo a se imiscuir uma vez mais ao menos de maneira imaginária como opositora (o diabo, os espíritos maus etc.) O comportamento, a observação, a espionagem hostil em relação a tudo o que nos é terrível e que poderia ter uma origem terrível termina com a constituição mais torturante e inquieta: de modo que agora "milagre", pagamento, êxtase, solução da transcendência se tornam *desejáveis*...

O tipo cristão: o *resmungão* perfeito.

11 (298)

O quão falsos, o quão mendazes não foram sempre os homens quanto aos fatos fundamentais de seu mundo interior! Não ter aqui nenhum olho, fechar aqui a boca ou abrir a boca –

11 (299)

As grandes palavras
Os grandes homens
Os grandes tempos.

11 (300)

"Objetividade" junto ao filósofo: indiferentismo moral em relação a si mesmo, cegueira em relação às consequências boas e ruins: ingenuidade no uso de meios perigosos; advinhar e explorar a perversidade e a variedade do caráter como vantagem –

Minha profunda indiferença em relação a mim mesmo: não quero nenhuma vantagem oriunda de meus conhecimentos e tampouco me desvio das desvantagens que eles trazem consigo – está contabilizado aí aquilo que se poderia denominar *degeneração* do caráter; essa perspectiva encontra-se fora: eu manipulo o meu caráter. No entanto, não penso nem em compreendê-lo, nem em transformá-lo – o cálculo pessoal da virtude não me veio à cabeça um único instante. Parece-me que fechamos as portas ao conhecimento logo que nos interessamos por seu caso pessoal – ou mesmo pela "salvação" da alma!... É preciso não considerar tão importante a nossa moralidade e não deixar que usurpem de nós um direito ao seu oposto...

Uma espécie de *riqueza hereditária de moralidade* talvez seja pressuposta aqui: fareja-se que se pode dissipar e jogar pela janela muito dessa riqueza, sem que se empobreça, com isso, de maneira especial. Nunca se sentir tentado a admirar "belas almas". Saber-se sempre superior a elas. Ir ao encontro dos monstros da virtude com um escárnio interior; *déniaiser la vertu*[162] – prazer secreto.

162 **N.T.:** Em francês no original: desembrutecer a virtude.

Girar em torno de si mesmo; nenhum desejo de se tornar "melhor" ou apenas efetivamente "diverso"; por demais interessado, para não lançar tentáculos e redes de toda e qualquer moralidade em direção às coisas –

11 (301)

Essa figura não provém de um gozo. O pior não é apenas que a tenhamos revestido com todo o tipo de sabedoria e de sentenças pequeno-burguesas, de modo que ela foi quase vulgarizada e transformada em um "moralista": o pior é que não deixamos o próprio tipo intocado. É possível advinhar o quão precocemente essa figura precisa ter servido desde o princípio a intuitos diversos: em pouco tempo não havia mais do que uma mera tradição dessa figura já retificada. Parece que o velho profeta típico de Israel tinha influenciado intensamente esse desenho: os traços não evangélicos, a ira, as maldições, toda a profecia tão improvável do "juízo final", todo o tipo desértico, a linguagem desenfreada contra fariseus e especialistas nas escrituras, a expulsão do templo

– Também a maldição da figueira – o caso típico, onde e como *não* se deve fazer um milagre

Tu não deves amaldiçoar. Tu não deves usar de magia. Tu não deves te vingar. Tu não deves mentir (– pois é uma mentira dizer que uma coisa, só porque é tomada por verdadeira, faria o obséquio de ser verdadeira: vivencia-se a *demonstratio ad absurdum* todo dia três vezes –

11 (302)

Aqui, toda palavra é símbolo; não há, no fundo, mais nenhuma realidade. Há um perigo extraordinário de se enganar quanto a esses símbolos. Quase todos os conceitos e avaliações eclesiásticos induzem em erro: não se pode entender de maneira mais fundamentalmente equivocada o Novo Testamento do que a Igreja o fez. Faltam-lhe todos os pressupostos para uma compreensão: a neutralidade do historiador que, olhando para o diabo, se preocupa em saber se a "salvação da alma" depende da palavra.

A Igreja nunca teve a boa vontade de compreender o Novo Testamento: ela quis se afirmar com ele. Ela buscava e continua buscando por detrás dele um sistema teológico: ela o pressupõe – ela acredita em Uma verdade. Precisou-se do século XIX – *le siècle de l'irrespect*[163] – para reconquistar uma vez mais algumas das condições prévias para ler o livro como livro (e *não* como verdade), para não reconhecer essa história como "história sagrada", mas como uma diabolia de fábula, preparação, falsificação, palimpsesto, confusão, em suma, como *realidade*...

Não se prestam contas suficientemente quanto a em que barbarismo dos conceitos nós europeus ainda vivemos.

N.B.: Que se tenha podido acreditar que a "salvação da alma" dependia de um livro!... E as pessoas me dizem que se continua acreditando ainda hoje.

De que nos ajuda toda a educação científica, toda a crítica e toda a hermenêutica, se um tal disparate relativo à interpretação da Bíblia, tal como a Igreja o retém, ainda não produziu nenhum enrubescimento?

11 (303)

Amor

Vede: esse amor, essa compaixão das mulheres – há algo mais egoísta?... E se elas se sacrificam, sua honra, sua fama, a quem elas os sacrificam? Ao homem? Ou será que elas os sacrificam a uma necessidade desenfreada?

- esses são desejos exatamente tão egoístas: por mais que eles façam o bem do outro e cultivem gratidão...
- em que medida uma superfetação desse gênero pode *santificar* uma valoração de todo o resto!

11 (304)

Nós teríamos razões suficientes para estarmos chocados com isto: um entusiasmo tal como o de Teocleia é algo que não

163 **N.T.:** Em francês no original: o século da falta de respeito.

se pode de modo algum aprovar, em princípio. Podemos nos deixar enlevar pelo talento do artista a simpatizar com um indivíduo particular, que o experimenta: mas ele não pode servir de base para um sistema geral, e *nous n'aimons en France que ce qui peut être d'une application universelle.*[164]

A moral teatral na França é muito mais rigorosa do que na Alemanha. *Cela tient à ce, que les Allemands prennent le sentiment pour base de la morale, tandis que pour nous cette base est la raison. Un sentiment sincère, complète, sans bornes, leur paraît, non seulement excuser ce qu'il inspire, mais l'ennoblir et, si j'ose employer cette expression, le sanctifier.*[165] Nós temos princípios muito mais rígidos e jamais nos distanciamos deles na teoria. O sentimento, que desconhece um dever, parece-nos apenas um erro a mais; perdoaríamos mais facilmente o interesse, porque o interesse depõe mais habilidade e decência em seus exageros. O sentimento evoca a opinião, *brave l'opinion*, e ela é estimulada por meio daí; o interesse procura *iludi*-la, na medida em que a poupa, e, mesmo quando ela descobre a ilusão, ela sabe conceder sua gratidão para essa espécie de homenagem.

11 (305)

Nous n'envisageons l'amour que comme les paissons humaines, c'est-à-dire ayant pour effet d'égarer notre raison, ayant pour but de nous procurer des jouissances.[166] B. Constant

164 **N.T.**: Em francês no original: não amamos na França senão aquilo que pode ter uma aplicação universal.

165 **N.T.**: Em francês no original: Isso se deve ao fato de que os alemães tomam o sentimento como a base da moral, enquanto para nós a base é a razão. Um sentimento sincero, completo, sem barreiras, lhes parece não apenas desculpar aquilo que ele inspira, mas enobrecê-lo e, se posso ousar usar essa expressão, santificá-lo.

166 **N.T.**: Em francês no original: Nós não consideramos o amor senão como as paixões humanas, quer dizer, como tendo por efeito nos desgarrar da razão e tendo por finalidade propiciar-nos gozos.

11 (306)

A regra das unidades torna a composição muito difícil: *elles circonscrivent les tragédies, surtout historiques, dans un espace.*[167] – Elas impõem com frequência ao poeta descuidar, nos acontecimentos e nas personagens, da verdade da gradação, da delicadeza das nuanças; há lacunas, passagens bruscas demais.

Os franceses pintam apenas um fato ou uma paixão. Eles possuem uma necessidade de unidade. *Ils repoussent des caractères tout ce que ne sert pas à faire ressortir la passion qu'ils veulent peindre; ils suppriment de la vie antérieure de leurs héros tout ce qui ne s'enchaîne pas nécessairement au fait, qu'ils ont choisi.*[168]

O sistema francês apresenta *le fait qui forme le sujet*[169] e, do mesmo modo, *la passion, qui est le mobile de chaque tragédie,*[170] em um perfeito *isolamento*. Unidade do *interesse*, da *perspectiva*. O espectador reconhece que não se trata de uma personagem histórica, mas de un *héros factice, une créature d'invention*[171] –

11 (307)

Carece o *amor* da inquietude e dos temores? O ciúme é necessário para ele como estrume? Ele aspira ao ar puro e pacífico dos sonhos? – No outro caso, seria um *egoísmo* hábil e desinteressado a primeira das virtudes, *le plus raisonnable des devoirs*[172] –

---

167 **N.T.:** Em francês no original: elas circunscrevem as tragédias, sobretudo históricas, em um espaço.

168 **N.T.:** Em francês no original: Eles afastam das personagens tudo aquilo que não serve para fazer vir à tona a paixão que eles querem capturar; eles suprimem da vida anterior de seus heróis tudo aquilo que não se encaixa necessariamente no fato que eles escolheram.

169 **N.T.:** Em francês no original: o fato que forma o sujeito.

170 **N.T.:** Em francês no original: a paixão que é o motor de todas as tragédias.

171 **N.T.:** Em francês no original: um herói fictício, uma criatura inventada.

172 **N.T.:** Em francês no original: o mais razoável dos deveres.

11 (308)

Les circonstances sont bien peu de chose, le caractère est tout.[173]

11 (309)

On change de situation: on ne se corrige pas en se déplaçant.[174]

11 (310)

Toda a concepção da hierarquia das *paixões*; como se o correto e moral fosse ser dirigido *pela razão* – enquanto as paixões seriam o anormal, perigoso, quase animal; além disso, segundo sua meta, nada além de *desejos de prazer*...

A paixão é degradada: 1) como se ela só fosse o motor de uma maneira indecorosa, e não necessariamente e sempre; 2) na medida em que ela projeta algo que não possui nenhum valor elevado, um divertimento...

O desconhecimento de paixão e *razão*, como se a razão fosse uma essência por si e não se mostrasse inversamente como estado relacional de paixões e desejos diversos; e como se toda paixão não tivesse em si o seu *quantum* razão...

11 (311)

Na medida em que se retrata apenas uma paixão (e *não* todo um caráter individual), obtêm-se efeitos trágicos, porque os caracteres individuais, que são sempre *mistos*, *prejudicam* a unidade da impressão. Mas a verdade perde aí. É de se perguntar o que restaria dos heróis se eles não fossem movidos por essa paixão: seguramente *apenas pouco*... Há inúmeros caracteres. As paixões teatrais são de um número menor. "*Polyphonte*

173 **N.T.:** Em francês no original: As circunstâncias são muito pouco relevantes, o caráter é tudo.

174 **N.T.:** Em francês no original: Mudamos de situação: não nos corrigimos mudando de lugar.

le tyran ('o tirano') *est un genre: le tyran Richard III un individu.*"[175]

11 (312)

Algo por vir. Contra o romantismo da grande "*passion*".

O que precisamos conceber: como é que pertence a todo gosto "clássico" um *quantum* de frieza, de lucidez, de dureza: lógica sobretudo, felicidade na espiritualidade, "três unidades", concentração – ódio contra o sentimento, o ânimo, o *esprit*, ódio contra o múltiplo, inseguro, divergente, cheio de pressentimentos, assim como contra o breve, agudo, bonito, bondoso.

Não se deve brincar com fórmulas artísticas: deve-se recriar a vida, de tal modo que ela precise se formular depois...

Trata-se de uma comédia serena, da qual só agora aprendemos a rir, que só agora estamos *vendo*: o fato de os contemporâneos de Herder, Winckelmann, Goethe e Hegel terem pretendido que *tinham descoberto uma vez mais o ideal clássico*... E na mesma época que Shakespeare!

– e a mesma geração tinha se declarado livre da escola clássica dos franceses de uma maneira impertinente!
– como se não se tivesse podido aprender o essencial tão bem aqui quanto lá!

Mas se queria a "natureza", a "naturalidade": ó, estultícia! Acreditava-se que a classicidade seria uma espécie de naturalidade!

Pensar sem preconceito e sem amolecimento sobre que solo um gosto clássico pode emergir.

Enrijecimento, simplificação, fortalecimento, intensificação do caráter mau do homem: essas coisas se compertencem. A simplificação lógico-psicológica. O desprezo pelo detalhe, pelo complexo, pelo incerto –

Os românticos na Alemanha *não* protestam contra o classicismo, mas contra a razão, o esclarecimento, o gosto, o século XVIII.

---

175 **N.T.:** Em francês no original: Polifonte o tirano é um gênero: o tirano Ricardo III, um indivíduo.